BRUCKMANNS
STÄDTEPORTRÄTS

Shanghai

Das Shanghai von heute ist nur ein Anfang. Es liegt als
große Stadt bereit und wartet auf die Entwicklung
Chinas. Und die Zeit scheint nahe zu sein.

Paul Goldmann, 1900

SHANGHAI

Oliver Fülling

BRUCKMANN

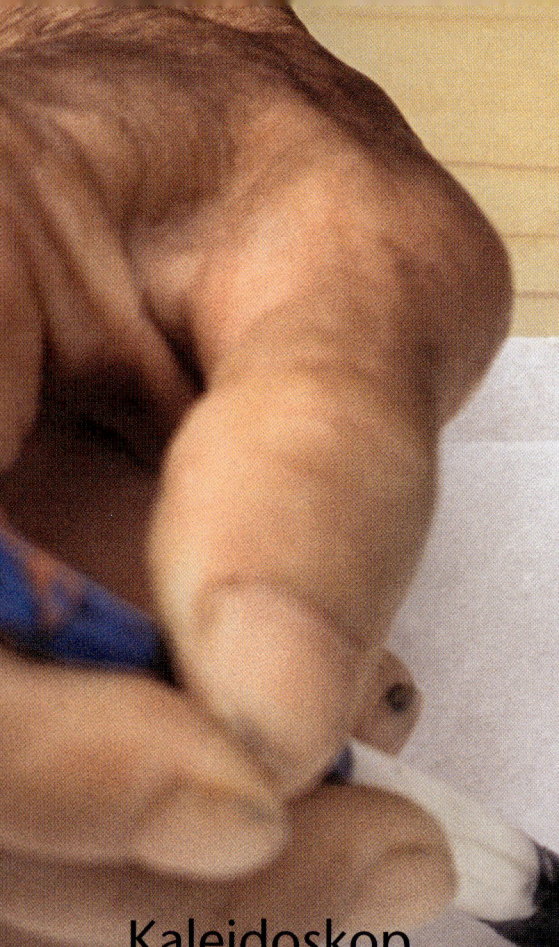

Inhalt

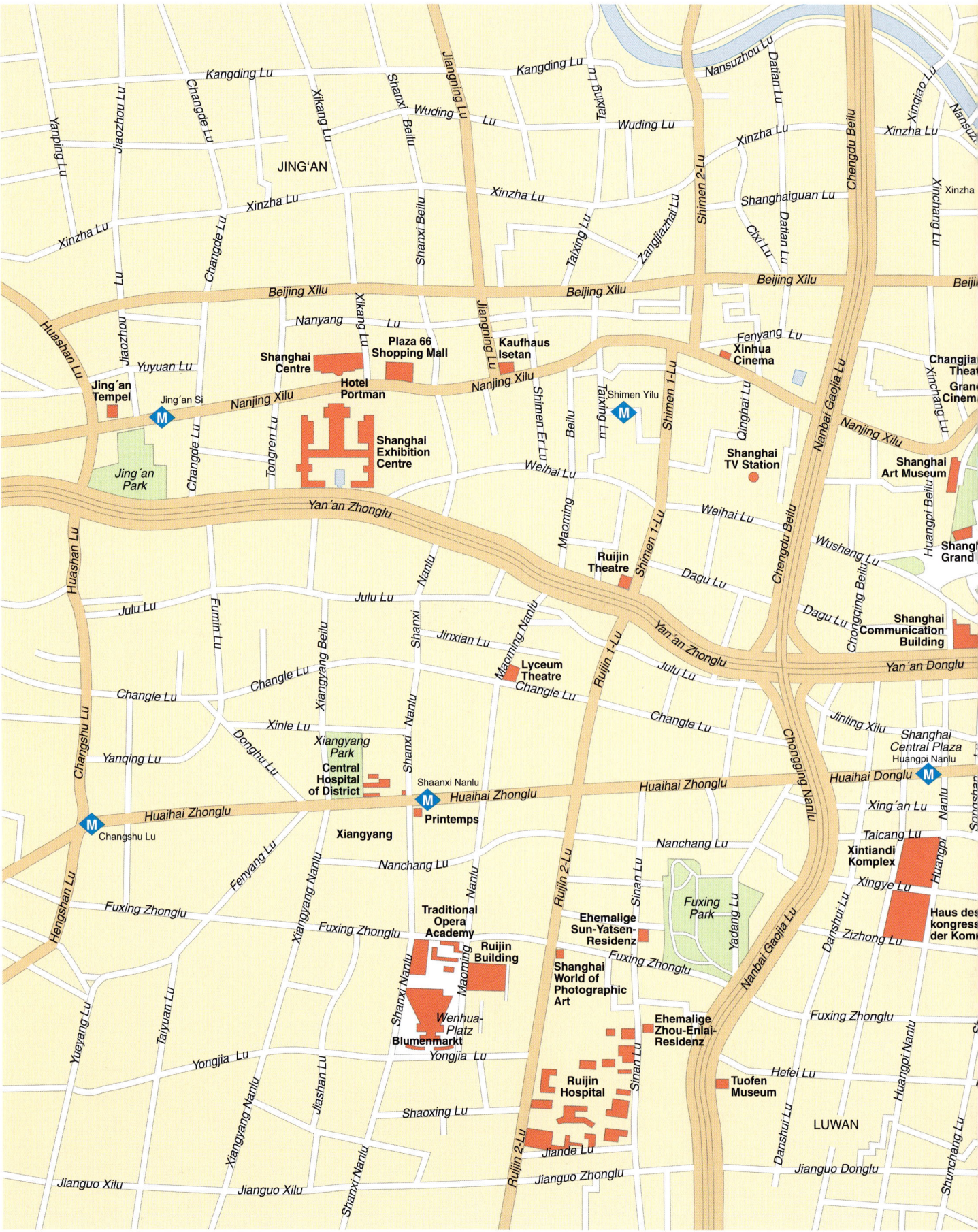

Qufu Xilu
Qufu Lu
Gansa Lu
Tanggu Lu
Tanggu Lu
Hanyang Lu
Hongkou Branch
Zhouliazhui Lu

Guanglu Lu
Xizang Beilu
Zhejiang Beilu
Jiangxi Beilu
Sichuan Beilu
Tiantong Lu
Changzhi Lu
Dongchangzhi Lu

Guangfu Lu
ou Creek
Beisuzhou Lu
Wusong-Fluss
Fujian Beilu
Tiantong Lu
Shanxi Beilu
Henan Beilu
Beisuzhou Lu
Shanghai Post Office
People´s Hospital Shanghai
Tiantong
Wusong Lu
Daming Lu
Dongdaming Lu
Machang Lu

Xinzha Lu
Xiamen Lu
Huangpu Theatre
Beijing Donglu
Niuzhuang Lu
Nansuzhou Lu
Nansuzhou Lu
Ehem. Brit. Konsulat
Friendship Store
Waibaidu Bridge
Denkmal der Volkshelden

Guting Lu
Xizang Zhonglu
Zhonggub Theatre
Beijing Donglu
Ningbo Lu
Fujian Zhonglu
Ningbo Lu
Shanxi
Henan Zhonglu
Beijing Donglu
Huqiu
Huangpu Park

Fengyang Lu
Tianjin Lu
Tianjin Lu
Dianchi Lu
Bank of China
Fußgängertunnel

min Gongyuan
Nanjing Donglu
Henan Zhonglu
M
Nanjing Donglu
Peace Hotel
Chen Yi Monument

Renmin Park (park)
Muen Church
Oriental TV Station
Jiujiang Lu
Zhonglu
Jiujiang Lu
Bund
Shanghai Int. Conv. Centre

Heping Cinema
Renmin Grand Stage Theatre
Hankou Lu
Guangxi Beilu
Jiangxi
Hankou Lu
Zollamt
Oriental Pearl Tower (Fernsehturm)
Pudong Park

Stadtplanungs-museum aus
Tian Chan Stage Theatre
Yunnan
Fuzhou Lu
Hubei Lu
Fuzhou Lu
Shadong
Henan
Bertelsmann Culture Industrie Company
Pudong Development Bank
Museum für Stadtgeschichte
Ocean Aquarium

min Dadao Volksplatz)
M
Renmin Guangchang
HUANGPU
Renji Hospital
Central Hospital of District
Zhongshan Dong-1-Lu
Bund-Museum
Yincheng Xilu

Works Cultural Palace
Guangdong Lu
Guangdong Lu
Lujiazui Lu
M Lujiazui

Wusheng Lu
Xizang Zhonglu
Beihai Lu
Naturkunde-museum
Int. Bank of Paris and China
Union Building
Yan´an Donglu Tunnel
Riversite Park
PUDONG
Yincheng Xilu
Huayuanshiqiao Lu

hai Xilu
Yan´an Donglu
Yan´an Donglu
Zhongshan Dong-2-Lu
Jin Mao Tower Shiji Dadao

ing Zhonglu
Gong Theatre Great World Entertainment Centre
Ninghai Donglu
Zhejiang Nanlu
Jinling Donglu
Jinling Donglu
Sichuan Nanlu
Huangpu-Fluss
Riversite Promenade
Yincheng Xilu
Haixing Lu

Dazhong Theatre
Jinling Donglu
Huaihai Donglu
Renmin Lu
Henan
Lishui Lu
Furnin Jie

Taoyuan Lu
Jie
Tempel der weißen Wolke
Dongqinglian Jie
Fuyou Lu
Fumin Lu
Xianzuo Jie
Fuyou Lu

haihai Park
Shuguang Hospital
(Tibet Road)
Renmin Nanlu
Dajing Lu
Luxiangyuan
Yuyuan-Basar
Yu-Garten
Fuyou Lu
Dongchang Lu
Yanlord Garden

Chongde Lu
Wanzhu Jie
Zihua Jie
Huxinting-Teehaus
Anren Jie
Wutong Lu
Fangbang
Zhonglu
Dongmen Lu
Lannidu Lu

nal-gründung
Kuaiji Lu
Zhonglu
Laojie
Zhoujiu Lu
Shilupu Passenger Terminal
Lujiadu Lu

zhong Lu
Dongtai Lu
Xizang Nanlu
Fangbang
Jinjia Long
Sanpailou Lu
Xianzuo Jie
Zhonglu
Dongmen Lu

Jinan Lu
Fuxing Zhonglu
Kongjia Long
Fuxing Donglu
Songxue Jie
Xueyuan Jie
Sinpailou Lu
Zhonglu
Dongmen Lu

Zhaohou Lu
Jingxiu Lu
Zhuangjia Jie
Xicanggiao Jie
Guangqi
ALTSTADT
Fuxing Donglu
Dong Jie
Yangshou Lu
Waixiangua Lu
Laotaiping
Long
Dada Wharf

Menghua Jie
Ligji Jie
Fangbang
Zhongshan Nanlu

Fangxie Lu
Zhonghua Lu
Konfuzius Tempel
Xueqian Jie
Penglai Lu
Wangyun Lu
Xitangjia Lie
Meijia Jie
Guangqi Nanlu
Second Hand Appliance Market
Fuxing Donglu

Anlan Lu
Xilin Lu
NANSHI
Henan Nanlu
Yundao Jie
Zhonghua Lu
Baidu Lu
Nanpu- Brücke Dongjiadu Lu

Daji Lu
Daji Lu
Xinzha Lu

Shanghai

N

0   300 m

M Underground (Tube)

Kaleidoskop

Shanghai ist cool, aufregend und anstrengend. Die Stadt besticht nicht unbedingt durch ihren Charme, aber sie ist Chinas Trendsetterin in Sachen Mode und Lifestyle.

Shanghai bezieht sein Selbstbewusstsein aus der bewegten Geschichte, doch gebaut wird für die Zukunft. Der »Kopf des Drachen«, das Herz Ostchinas, die Lokomotive der chinesischen Wirtschaft hat vor allem eine Aufgabe: das Reich der Mitte ins 21. Jahrhundert zu katapultieren.

Seit über hundert Jahren erscheint Shanghai als ein gigantisches Experimentierfeld. Wie viel Veränderung kann man Menschen zumuten, wie schnell lässt sich Veränderung durchführen, was ist an Zukunft schon jetzt machbar? Das Ergebnis materialisiert sich in den höchsten Gebäuden, dem aufregendsten und schrillsten Nachtleben, den schnellsten Verkehrsmitteln, den wichtigsten Investoren und dem internationalsten Publikum Chinas.

1 Die schicken Haarsalons sind für viele Shanghaier unerschwinglich, aber zum Glück gibt es noch zahlreiche Straßenfriseure. 2 Mittags ersetzen Garküchen für viele Berufstätige die Kantine. 3 In den wenigen ursprünglichen Gassen in Shanghais Altstadt spielt sich das Leben seit je auf der Straße ab. 4 Studenten warten auf den Bus, der sie zum Campus der Universität in Songjiang fährt.

Der Kopf des Drachen

Gerne wird der Yangzi (Jangtse) als der Leben spendende Drache Chinas bezeichnet. Der Schwanz, das ist der im tibetischen Hochland entspringende Oberlauf, der Körper ist der vom Drei-Schluchten-Staudamm bei Yichang bis Jiujiang reichende Mittellauf, während der Kopf aus der Achse reicher Riesenstädte von Nanjing bis Shanghai gebildet wird.

Noch vor 7000 Jahren lag dieser Drachenkopf unter den Wogen des Ostchinesischen Meeres, und es sollten noch einmal 2000 Jahre vergehen, bis der Yangzi, der in China übrigens nur Chang Jiang – Langer Fluss – heißt, genügend Schlamm abgelagert hatte, auf dem Shanghai schließlich gegründet werden konnte. Dass die Stadt auf Schlick erbaut ist, merkt sie bis heute. Über 640 Wolkenkratzer wurden in den letzten 15 Jahren hochgezogen, weitere 300 sind in Planung oder im Bau. Nun hat man festgestellt, dass sie zu schwer sind, sodass die »Stadt, die ins Meer geht«, so die Übersetzung des Namens, buchstäblich zu versinken droht. Aus diesem Grund wird der Bau weiterer Wolkenkratzer wohl begrenzt werden müssen.

Ein Fischereigerät namens Hu

Ein unscheinbares, heute nahezu vergessenes Fischereigerät in Form einer Kelle hat der Stadt ihren offiziell verwendeten Kurznamen »Hu« gegeben. Millionenfach sichtbar ist er als Schriftzeichen auf den Nummernschildern der Autos, die jeden Winkel der Stadt verstopfen. Das alte Shanghai war von unzähligen Flüssen und Kanälen umgeben und durchzogen, in denen die Fischer reichlich Fang machen konnten. Dem rasanten Wachstum der internationalen und französischen Konzession, wie die Niederlassungen der Briten, Amerikaner und Franzosen hießen, waren ab 1842 viele der Kanäle und Bäche im Weg. Sie wurden in der Folge einfach zugeschüttet, um Platz für Tau-

sende von Wohnanlagen zu schaffen, die den nie versiegenden Strom chinesischer Zuwanderer aufnehmen konnten. Seit 1990 wird in die Höhe gebaut, um genügend Wohnraum für die heute über 18 Millionen Einwohner zu erhalten.

Eigentlich war die Shanghaier Stadtverwaltung, als sie den Ausländern 1842 Flächen für ihre Niederlassungen zuweisen musste, der Ansicht gewesen, den ungeliebten Eindringlingen unattraktive Sumpflandschaften überlassen zu haben. Auf diese Weise hoffte man, sie schnell wieder loszuwerden. Die Briten hatten dagegen vielmehr den strategischen Vorteil ihres Landstückes nördlich der Stadtmauer im Auge. Das Karree zwischen den Flüssen Yangjingbang, Wusong und Huangpu Jiang bot günstige Ankerplätze für ihre Marine, und von hier konnte sie den Zugang zur Stadt kontrollieren. Während die Ausländer nach 1949 gingen, ist die Liebe zum Fisch geblieben. In den vielen

Seen im Umland gibt es riesige Fischzuchtanlagen, die den unaufhörlichen Appetit der Shanghaier auf Fisch befriedigen müssen.

Großer Hafen für die Welt

Das 4. bis 6. Jahrhundert gilt als das Zeitalter der Goldenen Adelskultur Ostchinas, und das Yangzi-Delta erlebte seine erste kulturelle Blüte. Zu jener Zeit gab es Shanghai allerdings noch gar nicht. Im 6. Jahrhundert wanderte der politische Schwerpunkt mit der Gründung der Sui-Dynastie (581–618) nach Zen-

tralchina zurück Die chinesische Hauptstadt wurde von Nanjing nach Chang'an, das heutige Xi'an, verlegt, gleichzeitig aber verlagerte sich der wirtschaftliche Schwerpunkt aus dem Inland ins Yangzi-Delta, das einen kometenhaften kommerziellen Aufschwung erlebte.

In diese Zeit fällt auch die Gründung Shanghais, dessen Entwicklung von nun an stets eng mit der Entwicklung der chinesischen Wirtschaft verknüpft ist. Nach und nach konnte sich das Dorf zur kleinen Stadt vergrößern, und 1264 wurde der Entwicklung endlich Rechnung getragen und der Kreis Shanghai offiziell gegründet. Shanghai mauserte sich zum lebhaften Hafen für das prosperierende Hinterland. Anders als die traditionellen Außenhandelshäfen Yangzhou, Quanzhou oder Guangzhou (Kanton), deren Stern auf- aber auch wieder untergegangen war, sollte Shanghai nie wieder das Heft aus der Hand geben. Heute gebietet es über den drittgrößten – nach Gesamtumschlag sogar größten – Containerhafen der Welt.

Ab dem 16. Jahrhundert entwickelte sich Shanghai auch zum großen Produktionszentrum für die Seiden- und Baumwollherstellung, und was die Stadt einmal kontrollierte, gab sie nicht wieder her. So verwundert

1 Alt und Neu wie der Uhrturm »Big Ching« auf dem alten Zollhaus und der moderne Fernsehturm in Pudong bilden immer wieder reizvolle Kontraste. 2 Das New-World-Shopping-Center am Volksplatz ist nur eines von vielen Riesenkaufhäusern. 3 Pudongs Straßen, hier am Eingang des Jinmao Buildings, sind ganz auf den Autoverkehr ausgerichtet. 4 Die Form des 420 Meter hohen Jinmao Building symbolisiert eine Pagode. 5 Reklameschiff auf dem Huangpu vor der Kulisse Pudongs.

Kunstgalerie im »Three on the Bund«, eine
der exklusivsten Restaurant-, Shopping-
und Kunstadressen der Stadt.

es kaum, dass Shanghai noch heute eines der führenden Zentren für die Textilherstellung in China ist. Damit ist die Stadt auch die modischste – und die mit den schicksten Boutiquen des Landes sowieso.

unterjochen. Ausländischen Händlern war es seit 1699 nur über Guangzhou (Kanton) erlaubt, während einer genau festgelegten Zeit im Jahr bestimmte Güter über die sogenannten »Cohong« lizensierte chinesische

Der süße Duft des Opiums

So viel Fortschritt zog schon früh Neider an. Im Jahr 1553 wurde die Stadt innerhalb von zwei Monaten fünfmal von japanischen Piraten überfallen. Die Stadtväter stellten darauf entnervt den Antrag zum Bau einer Stadtmauer. Nur echte Städte durften Stadtmauern bauen, denn diese waren der heiligste Teil eines jeden wahren Gemeinwesens. Bis heute ist das Wort für Stadt und Mauer – »Cheng« – identisch. Nach Fertigstellung des massiven Walls kehrte für die nächsten 359 Jahre Ruhe ein, und die Shanghaier widmeten sich dem, was sie am besten konnten – dem Geldverdienen.

Piraten ließen sich noch von Mauern abschrecken. Zur größten Bedrohung der Stadt aber wurden skrupellose Ausländer, die ebenfalls Geld verdienen wollten und dafür bereit waren, Kriege zu führen und Länder zu

1 Während des Laternenfestes werden im Teich vor dem Yu-Garten Szenen aus Legenden mit Papierskulpturen nachgestellt. 2 Mönche bei der Glockenschlagzeremonie im Longhua-Tempel. 3 Ein Straßenlokal in Tongli. 4 Mönche im Jade-Buddha-Tempel bei einem Plausch.

Mittelsmänner – zu kaufen und zu verkaufen. Opium gehörte nicht dazu. Der Handel mit dieser Droge war bereits 1729 verboten worden. Die britische Ostindien-Kompanie, die in China herbe Verluste machte, weil sich die Chinesen schlichtweg nicht für westliche Waren interessierten, begann ab 1820 große Mengen Opium nach China zu schmuggeln, um ihre Verluste auszugleichen. Ihr eigentliches Ziel aber war die Legalisierung des Opiumhandels und die Öffnung chinesischer Häfen für den Außenhandel. Doch die Chinesen wehrten sich und vernichteten 1839 über 20 000 Kisten Opium. Das war der Startschuss für die Briten, den ersten Opiumkrieg anzuzetteln. Am 9. Juni 1842 hissten sie auf Shanghais Stadtmauer den Union Jack und zogen weiter nach Nanjing, wo sie von den Chinesen die Abtretung der Insel Hongkong und die Überlassung von fünf Häfen für ihre Handelsaktivitäten, darunter Shanghai, erzwangen. Damit begann der Aufstieg dieser einzigartigen Stadt, aber auch die Opiumhöhlen und das Verbrechen gediehen immens. Erstaunlich, dass Shanghai heute eine überaus sichere Stadt ist, nimmt man einmal den mörderischen Verkehr aus.

Eine Verwaltung ohne Legitimation

Ursprünglich wollten die Engländer eigentlich die Abtretung von Shanghai erreichen, aber sie mussten sich stattdessen mit Hongkong begnügen. Es machte ihnen aber nicht wirklich etwas aus, denn in Shanghai regierten sie zusammen mit Amerikanern, Franzosen und ab 1895 auch Japanern »ihre« Stadt gemeinsam und taten so, als wäre sie ihr Eigentum. Im Jahr 1899 erreichten die ausländischen Konzessionen schließlich ihre größte Ausdehnung. Nie hat irgendein Staat die Stadtregierung, den Shanghai Municipal Council (SMC), legitimiert, schon gar nicht die Chinesen. Die Franzosen scherten 1862 aus dem SMC aus und verwalteten ihre Konzession über den Generalkonsul allein. Sie kümmerten sich auch nicht um eine gemeinsame Stadtplanung, und so änderten sich an der unsichtbaren Grenze zur internationalen Konzession unter anderem die Spurbreite der Straßenbahn, die Stromspannung und die Straßenführungen. Dem französischen Stadtgebiet gleich nördlich der Chinesen-

17

stadt verdankt Shanghai den Beinamen »Paris des Ostens«. Die mit Pappeln bepflanzte Avenue Joffre, die Champs-Élysées Shanghais, schmucke Villenviertel und Pariser Lebensart mit Bistros und Cafés kennzeichneten die französische Konzession, die ihr Flair über die Zeit der sozialistischen Vernachlässigung hinüberretten konnte.

In den vielen Seitenstraßen mit ihren einst so klangvollen Namen wie Rue Molière, Rue Doumer, Rue Massenet oder Route Vallon findet man heute wieder die trendigsten Restaurants und coolsten Kneipen, während die ehemalige Avenue Joffre – sie war das französische Gegenstück zur Nanking Road – als Huaihai Lu einen phänomenalen Wiederaufstieg als schickste Einkaufsmeile der Stadt erlebt hat.

Kulturhauptstadt im Reich der Mitte

Shanghai war bis ins 19. Jahrhundert hinein kulturell nahezu bedeutungslos und wenig attraktiv gewesen. Ungehobelte Seeleute genossen hier in der berüchtigten Blood Alley, der heutigen Xikou Lu, wenige Meter vom Bund ihren Landgang und wachten später »schanghait« aus ihrem Suff als Sklaven auf irgendwelchen Handelsschiffen wieder auf.

Für Schöngeistiges schien in diesem von Geheimsekten und Verbrecherbanden unterwanderten rauen Milieu kein Platz. Doch ab dem Jahr 1843 begann sich Shanghai zu etwas Neuem, in der Geschichte des Lan-

des noch nie da Gewesenem zu entwickeln. Die Ungerechtigkeit des Opiumkrieges hatte ein Gebilde geschaffen, das den Chinesen täglich die Schmach ihrer Niederlage vor Augen führte, aber sie hatte zugleich ein Forum ins Leben gerufen, wo Gegner der Imperialisten offen ihre Kritik aussprechen durften, ohne sofort der Verfolgung ausgesetzt zu sein. Sie konnten hier neue revolutionäre Ideen entwickeln, ohne von den chinesischen Behörden direkt zur Rechenschaft gezogen zu werden.

Diese einzigartige Situation verhalf der Stadt zu einer kulturellen Blüte, die schließlich die Geschicke des gesamten Landes mitbestimmen sollte. In den Zwanziger- und Dreißigerjahren des 20. Jahrhunderts war Shanghai das Kulturzentrum Chinas schlechthin.

1 Das Fahrrad bleibt auch in der Autostadt Shanghai das wichtigste Transportmittel. 2 Moderne Boutiquen sind zwar allgegenwärtig, aber dennoch haben traditionelle chinesische Elemente ihren Weg in die aktuelle Mode gefunden. 3 Unberührt von der Hektik der Stadt hört dieser alte Mann Musik und liest Zeitung. 4 Die raren Grünflächen dienen vielen Einwohnern als Übungsorte für das traditionelle Schattenboxen (Taiji Quan), hier in Form des Fächer-Taiji.

Neue Impulse, Identifikationen und Strömungen, fast alle Entwicklungen und Neuerungen in der kulturellen und politischen Szene Chinas fanden ihren Ursprung nun in der Stadt Shanghai. Ein wenig versucht die Stadt heute an dieses Erbe anzuknüpfen, aber noch hat es die Kultur in einer Umgebung, die ganz dem Mammon verfallen ist, überaus schwer, sich Aufmerksamkeit zu verschaffen.

Ein Leben im Untergrund

Der rasende Reporter Egon Erwin Kisch (1885 bis 1948), Mitbegründer der linksradikalen »Föderation Revolutionärer Sozialisten ›Internationale‹«, hatte aufrüttelnde Reportagen über die verbreitete Kinderarbeit in der Seidenindustrie Shanghais geschrieben und seine Leser auf die grausamen Schicksale aufmerksam gemacht. Die Verlierer hinter der glanzvollen Fassade waren Legion. Jährlich fischten die Shanghaier Behörden 20 000 bis 29 000 Tote aus den Kanälen und Flüssen. Die Zeit war reif für Bewegungen, die sich für den unteren Rand der Gesellschaft einsetzten.

Chen Duxiu (1879–1942) war einer der Vordenker linker Strömungen und eines der Gründungsmitglieder der KPCh, die in einem Versteck in der französischen Konzession von zwölf jungen Chinesen gegründet wurde. Von 1921 bis 1927 amtierte er als ihr erster Generalsekretär. 1929 wurde er aus seiner Partei ausgeschlossen. Chen Duxius Biografie ist typisch für die chinesischen Revolutionäre der erste Stunde und den Umgang der KPCh mit ihren frühen Protagonisten. Er galt als erster Marxist Chinas, erreichte mit seiner Zeitschrift »Jugend« ab 1915 eine richtungsweisende Sensibilisierung von Chinas Jugend für eine modernere Politik und war einer der Hauptorganisatoren der 4.-Mai-Bewegung von 1919, die China stärker veränderte als alle anderen Bewegungen. Trotzdem ging er in den Intrigen der bis 1934 auch in China noch allmächtigen Komintern unter. Als der Machtkampf zwischen Stalin und Trotzki die KPCh erreichte, trat er 1927 als Parteivorsitzender zurück. Nach seinem Parteiausschluss warf ihn die nationalistische Guomindang des Diktators Chiang Kai-shek von 1932 bis 1937 in den Kerker. 1942 starb der Vorkämpfer für ein modernes China einsam und vergessen.

Stätten des Wissens

Die Jesuiten hatten in der Stadt der Glücksritter einen schweren Stand und wirkten daher eher am Stadtrand in Siccawei, dem heutigen Xujiahui. Einer ihrer raren chinesischen Konvertiten namens Ma Xiangbo (1840–1939) gründete 1905 die Fudan-Universität, die zweite nach der 1896 von einem kaiserlichen

Minister gegründeten Jiaotong-Universität. Shanghai war bis dato nicht gerade durch seine Bildungseinrichtungen aufgefallen. Nachdem die Stadt jedoch zur politischen Bühne des Landes avanciert war, lag die Gründung einer weiteren Universität nahe. Schon 1907 folgte der deutsche Arzt Erich Paulun mit der Gründung der Shanghaier Deutschen Medizinschule gegenüber dem ebenfalls von ihm gegründeten Tongji-Krankenhaus. Ab 1919 begann der politische Untergrund zu brodeln. Streiks, Arbeiterunruhen und Protestkundgebungen peitschten die Jugend auf. Schließlich reichte ihr die Fudan-Universität als Platt-

1 Eine Besucherin stöbert im umfangreichen Katalog der namhaften Galerie ShangArt. 2 Sozialistischer Realismus gehört zu den beliebten Kunstformen, mit denen Shanghaier Künstler experimentieren. 3 Yi Zhou ist einer von über 100 Künstlern in der M50. 4 Stolz präsentiert diese Bildhauerin ihre Skulpturenreihe. 5 Ding Yi gehört zu den Künstlern, dessen Werke auch international bereits große Beachtung finden.

form nicht mehr. Zahlreiche patriotische Studenten verließen die Fudan-Universität und gründeten 1922 die Shanghai-Universiät (Shangda). Sie widmete sich ausschließlich dem Widerstand gegen die China aufgezwungenen »Ungleichen Verträge« aus den Opiumkriegen und anderen Auseinandersetzungen. Das Ziel war die Ausbildung einer nationalistischen, marxistisch ausgerichteten Jugend. Absolventen waren unter anderem Li Shouxun, der Vater des späteren Ministerpräsidenten Li Peng, und der spätere Staatspräsident Yang Shangkun. 1927 wurde die Universität geschlossen und konnte sich erst ab 1958 neu konstituieren. Seit 1994 gehört sie unter dem Namen Shanghai-Universität wieder zu den großen Hochschulen der Stadt, während Fudan- und Tongji-Universität zu den führenden Eliteuniversitäten Chinas aufgestiegen sind. Große Teile der Jiaotong-Universität waren 1955 nach Xi'an ausgelagert worden, aber auch diese Universität hat wieder ihren Platz unter den Bildungseinrichtun-

gen der Stadt eingenommen und erstellt nun sogar das international anerkannte Hochschulranking.

Über Bücher, Videos und James Bond

Was haben manche Bücher, Videotheken und James Bond mit Shanghai zu tun? Nun, eine ganze Menge. Sie gehen auf Shanghailänder zurück, jene Spezies Mensch, die sich als Einwohner dieser Stadt verstanden. Am 20. Juni 1915 erblickte Terence Young in Shanghai das Licht der Welt. Er sollte seine Karriere allerdings nicht im chinesischen Hollywood, zu dem Shanghai seit 1925 avanciert war, machen, sondern seine großen Erfolge als Regisseur der ersten James-Bond-Filme in den USA erzielen. 15 Jahre später wurde James Graham Ballard am 15. November 1930 in eine unglückliche Zeit hineingeboren. 1931 hatte Japan

seine Invasion Chinas begonnen und 1937 besetzte es auch Shanghai, wo ab 1943 alle Ausländer interniert wurden. Ballard gab dieser Zeit mit seinen Romanen ein bedrückendes Gesicht. Berühmt wurde sein von Steven Spielberg verfilmter, autobiografisch gefärbter Roman »Das Reich der Sonne«, in dem Ballard die Zeit im Internierungslager der Japaner beschrieb. Bleiben noch die Videotheken. Als ihr Gründer gilt George Atkinson, und der wurde am 2. Juni 1935 in Shanghai geboren. Auch er erlebte die Zeit im Internierungslager, bevor er nach dem Krieg mit seinen Eltern in die USA zurückkehren konnte. Dort eröffnete er 1977 die erste Videothek weltweit.

Vom Büßer zur Weltstadt

Mit der Gründung der Volksrepublik China 1949 begann ein dramatischer und gewollter Bedeutungsverlust der Stadt. Die Regierung in der Haupt-

1 Im Hongkou Football Stadium wurde die deutsche Frauen-Nationalmannschaft 2007 Fußball-Weltmeister. 2 Das Grand Theatre nutzt die klassische chinesische Formengebung: Rund für den Himmel und ein Rechteck für die Erde. 3 Blick auf den Wusong-Fluss und die Garden Bridge. 4 Das »Ei« von Wujiao-chang ist das Wahrzeichen des Stadtteils Yangpu. 5 Abends wird das International Convention Centre hell angestrahlt.

stadt benötigte die Metropole nur noch als Steuerlieferant. Grundsätzlich war sowieso jeder Shanghaier verdächtig, Imperialist oder Kapitalist oder zumindest ein windiges Element zu sein.

Wer nicht fliehen konnte, wurde eingekerkert, umerzogen oder als Jugendlicher in den fernen Westen aufs Land verschickt. 1966 entsann sich Mao Zedong dann doch wieder der Qualitäten der Stadt als Hort revolutionärer Unruhe, und so lenkte er von Shanghai aus mit seiner Frau Jiang Qing und ihrer Viererbande die Kulturrevolution. Konnte er China schon nicht in seinem Sinne aufbauen, so sollte das Land wenigstens in seinem Sinn zerstört werden.

Nach Maos Tod wurde Shanghai einmal mehr für seine Rolle bestraft. Die Stadt wurde bei der Entwicklung des Landes ab 1978 einfach links liegen gelassen und ging wirtschaftlich bis 1989 buchstäblich den Bach runter. Erst als die politische Situation 1989 in der Hauptstadt eskalierte und man sich dort nur noch mit Panzern zu behelfen wusste, entsann man sich wieder der heimlichen Metropole. Shanghai sollte ausbügeln, was Peking angerichtet hat, nämlich Chinas zusammengebrochene Wirtschaft wieder ankurbeln und den ruinierten Ruf und die Glaubwürdigkeit des Landes wieder herstellen.

Ein beliebtes Sprichwort besagt: »Die Pekinger lieben das Land, die Shanghaier verlassen das Land, die Kantonesen verkaufen das Land.« Was aber überwiegt, ist der Stolz, ein Einwohner dieser außergewöhnlichen Stadt zu sein. Ihr Selbstbewusstsein verdanken die Shanghaier dem Erfolg, der Dynamik und dem ewig

Neuen ihrer Stadt. Nach 1949 flohen zahlreiche Shanghaier Kaufleute zwar Richtung Hongkong, wo sie der britischen Kronkolonie zu ihrem außergewöhnlichen wirtschaftlichen Erfolg verhalfen, aber wenn es was zu verdienen gibt, kehren sie auch wieder zurück. Sofort erkannten sie, dass unter dem sozialistischen Muff Kräfte schlummerten, die, einmal entfesselt, nicht mehr zu bremsen waren. Aus dem Dornröschenschlaf geweckt, erbauten die Shanghaier einfach eine neue Stadt, in der ohne Not fast alles Alte niedergerissen wurde. Für die meisten Einwohner aber zählt nur eines: Sie haben ihre Metropole aus eigener Kraft in die illustre Reihe der Weltstädte katapultiert.

1 Traditionelles Teehaus in Tongli, einem ursprünglichen Dorf im Wasserland. 2 Essen gehen gehört in Shanghai zum Alltag, und so gibt es Tausende von Restaurants aller Art. 3 Chinesische Köche müssen in kurzer Zeit zahlreiche Gerichte hintereinander zubereiten, die dann gemeinsam aufgetischt werden.

3

Stadtteile und Attraktionen

Shanghai zeigt sein Gesicht

Schatten des alten China

Shoppen, Schauen, Genießen

Wo die Szene zu Hause ist

Shanghai ganz neu

Seite 92

Shanghaier Fluchtpunkte

Seite 110

Shanghai zeigt sein Gesicht

Der Bund ist der Stolz und heimliche Mittelpunkt Shanghais. Selten findet man in einer chinesischen Stadt so viel Freiraum, der zudem noch einen Blick in die Seele des Ortes ermöglicht. Die Seele Shanghais, das sind Geschäftsmäßigkeit, Wohlstand und berstender Stolz.

Im Stadtteil Huangpu, dem alten Central District der Briten und Amerikaner, war die Seele der Stadt allgegenwärtig in den schachbrettförmig angelegten Straßenschluchten. In den vergangenen 15 Jahren ist das alte Huangpu weitgehend abgerissen und komplett neu aufgebaut worden. War das prachtvolle architektonische Erbe der Kolonialzeit zwischen 1949 und 1992 als kapitalistisch und imperialistisch verdammt worden, hat man die Vergangenheit nun als gewinnbringendes Kapital für eine prestigeträchtige Vermarktung Shanghais entdeckt.

Blick in die Vergangenheit

Man schreibt das Jahr 1908. Unvorstellbar das Gewimmel der prächtig bemalten Boote, die rastlos den Fluss auf und ab fahren, hektisch das Getümmel an

Dabei gab es hier bis 1843 nur Sumpf, Schilf und ein Fort, das die Zufahrt nach Shanghai schützen sollte. Dann errichteten die Briten unmittelbar südlich der Mündung des Wusong- in den Huangpu-Fluss ihr

den Landungsstegen und chaotisch die Zustände auf dem parallel zum Huangpu-Fluss (Huangpu Jiang) verlaufenden Bund, wo Rikschafahrer gegen Straßenbahnen und Fußgängermassen um jeden freien Meter kämpfen.

Konsulat und legten damit den Grundstein für die später so berühmt gewordene Uferpromenade. Den Namen Bund importierten sie aus Indien, wo die Kaimauern ebenfalls den Namen Bund trugen. Anfangs beäugten sich Ausländer und Chinesen noch mit tiefem Misstrauen. Die Ausländer schlossen sich zusammen, um sich besser gegen die Übermacht der Chinesen schützen zu können. Die Chinesen versuchten dagegen, sich die ungeliebten Eindringlinge so weit wie möglich vom Hals zu schaffen, indem man ihnen die Sumpfgebiete im Norden der Stadt zuwies. Dort entstanden die sogenannten ausländischen Konzessionen. Die Berührungsängste sollten sich schnell verflüchtigen. Die Ausländer waren hier, um Geschäfte zu machen, und Shanghais Stärke fußte seit je in seiner Wirtschaftskraft. So dauerte es nicht allzu lange, bis beide Seiten den Vorteil einer Zusammenarbeit erkannten. Briten, Amerikaner und Franzosen versuchten schließlich, möglichst viele Chinesen zum Umzug in ihre Konzessionen zu bewegen, um auf diese Weise Shanghais Bedeutung als Handelsplatz zu erhöhen. Die Chinesen erkannten im Gegenzug die Vorteile des ausländischen Rechts, das in den exterritorialen Konzessionen herrschte. Wer hier lebte, war nämlich vor den raffgierigen und korrupten chinesischen Bürokraten sicher und unterstand darüber hinaus der Gerichtsbarkeit des sogenannten »Mixed Court« und nicht der chinesischen Justiz mit ihren grausamen Praktiken.

Flaniermeile und Aussichtspunkt

Die Chinesen nennen den Bund auch Waitan, Äußere Terrasse, denn zur Zeit der Gründung Shanghais war diese Gegend für die Einheimischen nichts als eine uninteressante terrassierte Befestigung. Doch hier wurde nicht nur das moderne Shanghai geboren, bis heute ist diese langgezogene und hochgelegte Flaniermeile für alle Shanghaier das herausragende Symbol für die rasante Modernisierungsfähigkeit ihrer Stadt, steinerner Chronist vergangener Entwicklungen und eine Tribüne, von der aus man fasziniert flüchtige Augenblicke des stets im Werden begriffenen Shanghai erhaschen kann. Seit seines Bestehens wurde dieser Stadtteil permanent entkernt und umgebaut, restau-

1 Vor der Kulisse Pudongs üben diese Frauen am frühen Morgen Fächer-Taiji. 2 Die Uferpromenade am Bund wird von der Bevölkerung nicht nur zum Flanieren, sondern auch als Übungsplatz zum Tanzen und für sportliche Aktivitäten genutzt. 3 Dort, wo früher der Yangjing-Fluss die französische und internationale Konzession trennte, endet heute die Stadtautobahn Yan'an Lu. 4 Blick auf die Nanjing Donglu.

riert und inszeniert. Ab 1865 beleuchteten Gaslaternen den Bund, 1873 rollten neuartige Rikschas über die nunmehr befestigte Straße, eine der ersten Chinas. Schon bald karrten 20 000 dieser zweirädrigen Gefährte durch die Stadt und wurden zum Symbol für Ausbeutung und Rückständigkeit nicht der Stadt, sondern der chinesischen Zivilisation der Jahrhundertwende, die der chinesische Philosoph Hu Shi (1891–1962) abfällig als Rikscha-Zivilisation im Gegensatz zur Automobil-Zivilisation des Westens bezeichnete. Das erste

Auto rollte denn auch 1902 über den mittlerweile durch elektrische Glühbirnen erleuchteten Uferweg. Zwei Jahre später rumpelte die erste Straßenbahn am Ufer des Huangpu entlang.

Nach Einführung der jeweils neuesten technischen Errungenschaften folgten die Bauwerke als Marksteine der Entwicklung. 1907 leistete sich die 1000 Mitglieder zählende deutsche Gemeinde den Club Concordia als Versammlungsort der Kaufmannschaft, und zwar genau dort, wo heute die Bank of China steht. Bis Mitte der 1920er-Jahre blieb der Club mit einer Höhe von 48 Metern der imposanteste Bau am Bund. Das Clubhaus fiel 1923 an die Bank of China, die es 1934 für einen Neubau abreißen ließ. Es sollte das einzige Gebäude am Bund bleiben, das selbstbewusst im chinesischen Stil errichtet wurde. Ein Problem blieb allerdings – und das war exemplarisch für den Umgang des Westens mit China in jener Zeit: Kein chinesisches Bau-

werk am Bund durfte höher sein als das höchste ausländische Gebäude. Gleich nebenan stand aber mit dem 1930 fertiggestellten Sassoon House, in dem sich auch das berühmte Cathay Hotel (heute das Peace Hotel) befand, bereits das höchste ausländische Bauwerk. Die Chinesen verfielen auf eine List. Sie stellten einen Fahnenmast auf das Dach, der etwas über das Nachbargebäude hinausragte.

Der nördliche Bund

Der Uferbereich nördlich des Bunds war und ist ebenfalls ein begehrtes und repräsentatives Areal. In östlicher Richtung standen die würdevollen Bauwerke der russischen, deutschen, amerikanischen und japanischen Konsulate in einer das Ufer dominierenden Reihe, die als »Consular Row« bekannt war. Zwi-

schen den modernen Wolkenkratzern hat einzig das schmucke Gebäude des russischen Konsulats den Zahn der Zeit überstanden und dient noch immer als diplomatische Vertretung Russlands. Das Konsulat wird an der Nordseite vom Gemäuer des altehrwürdigen Astor House Hotel überragt. Im Jahr 1857 erbaut, war es Shanghais erstes Nobelhotel. Jahrelang moderte es zur Freude von Low-Budget-Reisenden als Billigabsteige vor sich hin. Vor Kurzem haben sich die Betreiber jedoch seines früheren Glanzes und Rufs besonnen, und nun bietet es als Nobelhotel wieder stilvolle Suiten in Bestlage. Links der Brücken über den

1 Seit 1980 spielt die legendäre Jazz-Band des Peace Hotels wieder jeden Abend. 2 Das elegante Sense & Bund im Bund 18 gehört zu den exklusivsten französischen Restaurants der Stadt. 3 Koloniale Eleganz vom Feinsten bietet die Palace Hall im Erdgeschoss des Peace Hotels. 4 Die Lobby des Peace Hotels ist purer Art déco. 5 Auch im modernen Shanghai ist es noch eine Ehre, Page des Peace Hotels zu werden.

Das Shanghai Museum ähnelt in seiner Form einem der ältesten Gefäße Chinas, dem »Ding«, ein antikes Speisegerät mit zwei Griffen und drei Beinen.

Wusong ragt noch immer der eigenwillige Turm der Broadway Mansions in die Höhe, einst eine der exklusivsten Appartementadressen Shanghais. Die Form dieses Art-déco-Gebäudes symbolisiert das chinesische Schriftzeichen »ba« für Acht, die wichtigste chinesische Glückszahl.

Hinter den alten Konsulaten und Hotels verläuft die Daming Lu Richtung Osten. Dies war der Broadway Shanghais, ein Hafenmilieu schlimmster Couleur, Standort von Spelunken und übel Bordelle, in denen die Matrosen ihren kargen Sold durchbrachten.

Der sogenannte nördliche Bund ist aber auch die Geburtsstätte der Shanghaier See- und Schifffahrt. Heute befinden sich hier mehr als 2000 Unternehmen aus Schifffahrt, Logistik und maritimen Dienstleistungen, aber auch der neue Terminal für Kreuzfahrtschiffe und der chinesische Seegerichtshof.

Noch erscheint der nördliche Uferstreifen etwas chaotisch und planlos, aber 2005 wurde ein Masterplan erstellt und der »North Bund Shipping Service Cluster« ausgearbeitet. Er hat die Aufgabe, das Gebiet am Nordufer des Wusong auf modernstes Weltstadtniveau zu hieven.

Die Macht des Geldes

Diesseits des Wusong Jiang hat einmal mehr eine Modernisierung begonnen. Dort, wo sich einst das Areal des britischen Konsulats ausdehnte, befindet sich zurzeit eine jener allgegenwärtigen Großbaustellen, die seit 15 Jahren untrennbar und unüberhörbar zu Shanghai gehören. Hier baut die amerikanische Rockefeller Group ein riesiges Hotel, Appartementblöcke und ein Einkaufszentrum. Die ersten Gebäude sollen 2009 fertig werden und katapultieren nun auch diesen Teil des Bunds in die Moderne. Für den Denkmalschutz ist dieses Projekt sicher ein Fanal, zeigte sich doch daran offenkundig, dass Kommerz in der Stadt des Geldes über den Schutz alter Gebäude gestellt wird.

Gegenüber, wo jetzt das klobige Denkmal der Volkshelden steht, befand sich im alten Shanghai der Huangpu-Park, der wegen seines angeblichen Schildes »Für Chinesen und Hunde verboten« für viel Verdruss gesorgt hatte. Das Schild selbst hat es nie gegeben, was nichts daran änderte, dass Chinesen diesen Park bis in die 1920er-Jahre tatsächlich nicht betreten durften, ob-

1 Der Art-déco-Bau der Broadway Mansions wurde 1934 in Form des Schriftzeichens »ba« für Acht erbaut. 2 Die Gebäude der Hongkong and Shanghai Bank und das rechts daneben stehende Zollhaus gehören bis heute zu den prachtvollsten Bauten am Bund. 3 Ordnungskräfte vertreiben sich die Zeit am Century Boulevard. 4 Die Chartered Bank aus dem Jahr 1923 dient heute noblen Restaurants und Boutiquen als Standort.

wohl man ihre Steuergelder für die Anlage verwendet hatte.

Entlang des Bunds südlich der Nanjing Donglu ragen vor allem zwei Gebäude aus dem Reigen denkmalgeschützter Bauwerke heraus. Da ist zunächst einmal das 1927 erbaute Zollhaus, das für die turbulente Geschichte des chinesischen Zolls sowie für britische Standhaftigkeit und Unbestechlichkeit steht. China

geriet zwischen 1851 und 1864 in den Strudel der gewaltigen, nahezu 20 Millionen Tote fordernden Taiping-Rebellion, die nicht zuletzt in der Unfähigkeit des Kaiserhofs begründet lag, sich gegen den wachsenden Imperialismus vor allem der Engländer zur Wehr zu setzen. Der britische Konsul Rutherford Alcock gründete – vielleicht in einem kurzen Anflug von Einsicht – 1853 ein provisorisches Zollamt, um die Zoll-

einnahmen für den Kaiserhof auch während der Rebellion zu sichern. Nichts hält länger als ein Provisorium, und so gaben die Briten die Hoheit über den chinesischen Zoll erst nach gewalttätigen Protesten im Jahr 1925 an China zurück.

Gleich neben dem Zollhaus, dessen Dach noch immer von »Big Ching«, der originalen Uhr aus dem Jahr 1843, gekrönt wird, steht das Gebäude der ehemaligen Hongkong and Shanghai Bank aus dem Jahr 1921. 1865 in Hongkong gegründet, gehörte sie schon 1872 zu den führenden Banken Asiens. Ihre Macht und ihren Einfluss demonstrierte sie unter anderem mit ihrer Shanghaier Repräsentanz am Bund, dem seinerzeit zweitgrößten Bankgebäude der Welt und einem der extravagantesten Bauwerke zwischen Suezkanal und Beringstraße. Noch immer vermag die unglaubliche, mit Mosaiken geschmückte Caisson-Kuppel jeden Besucher zu faszinieren. Nach 1949 zog die Stadtverwaltung in die Räume ein. Mitte der 1990er-Jahre wurde das Gebäude zu wertvoll, um als Sitz einer verstaubten Verwaltung zu dienen. Es wurde entkernt, restauriert

Spielplatz für Architekten

Was wäre Shanghai ohne seine Architekten! Wer auf dem Flughafen Pudong landet, betritt einen riesigen, von Paul Andreu in Form einer abfliegenden Seemöwe gestalteten Terminal. Auf dem Weg in die Stadt passiert man das von ihm entworfene Oriental Art Center und fährt dann auf dem von Jean-Marie Charpentier gestalteten Century Boulevard Richtung Zentrum. Auch in der Innenstadt kommt man an Charpentier nicht vorbei: Die von dem französischen Architekten zur Fußgängerzone umgestaltete Nanjing Donglu endet an seinem markanten Grand Theatre. Seine Kollegen gestalten eine Skyline, die selbst den Bund langsam in den Schatten zu stellen vermag. William Pedersen von Kohn Pederson Fox baute gleich zwei der höchsten Türme Shanghais, nämlich das Shanghai World Finance Center und das Plaza 66. Dicht auf den Fersen folgt die Konkurrenz. Skidmore, Owings & Merrill planten den pagodenförmigen Jinmao Tower und entwarfen einen Masterplan für die Insel Chongming. Allen gemeinsam ist, dass sie das moderne Gesicht der Stadt erschaffen und versuchen, das alte, von ihren Vorgängern gestaltete Shanghai in ein Gesamtbild zu integrieren, das diese Metropole seit ihrer erzwungenen Erweiterung 1842 so sehr von anderen chinesischen Städten unterscheidet.

Naturgemäß zog die Stadt schon früh weltweit renommierte Architekten an, die vor allem ab den 1920er-Jahren begannen, der Stadt ihren Stempel aufzudrücken. Einige der prägendsten waren Elliott Hazzard, Paul Veysseyre, Ladislaus Hudec, Palmer and Turner und Heinrich Becker.

Paul Veysseyre war der produktivste Architekt innerhalb der französischen Konzession. Er entwarf und baute mehr als hundert prachtvolle Villen, luxuriöse Appartementhäuser, Bürogebäude, Polizeistationen, Schulen und Banken. Sein schönstes Bauwerk aber war der Cercle Sportif Français, den er 1926 errichten ließ und der heute als Foyer des luxuriösen Okura Garden Hotel in der Maoming Nanlu 58 dient. Veysseyres amerikanisches Pendant war Elliott Hazzard. Seine überall in der ehemaligen internationalen Konzession zu findenden Bauwerke waren fast immer großzügig, eindrucksvoll und repräsentativ. Eines der schönsten Beispiele für Hazzards Stil findet man in der Huashan Lu 320 mit dem heutigen Jing'an Hotel, das ursprünglich als Appartementkomplex diente.

Einer der kreativsten und vielseitigsten Architekten Shanghais war der Ungar Ladislaus Hudec, der seine Spuren buchstäblich im gesamten Stadtgebiet hinterlassen hat. Er war 1918 nach einer abenteuerlichen Flucht aus russischer Gefangenschaft in Shanghai eingetroffen. Sein berühmtestes Bauwerk ist das Park Hotel am Volksplatz, aber er schuf auch zahlreiche Kirchen wie die schöne Moore Memorial Church, die ebenfalls am Volksplatz steht.

Dem Duo Palmer and Turner verdankt die Stadt einige ihrer schönsten Art-déco-Gebäude, darunter das Hamilton House und das gegenüberliegende Metropole Hotel an der Kreuzung Fuzhou Lu mit der Jiangxi Lu. Am Bund bauten die britischen Architekten einige ihrer repräsentativsten Gebäude, darunter das Zollhaus, die Hongkong and Shanghai Bank, das Union Building in der Hausnummer 4 und das Glenn Line Building in der Hausnummer 28.

Der erfolgreichste deutsche Architekt Shanghais war Heinrich Becker. Mit dem deutschen Gartenclub, dem Generalkonsulat, verschiedenen Geschäftshäusern, der Deutsch-Asiatischen Bank und vielen anderen Bauwerken fand er einen Baustil, mit dem die in der Stadt lebenden Deutschen ihre nationale Identität verbanden. Einige seiner Gebäude sind heute noch zu sehen, so zum Beispiel die alte Kaiserlich-Deutsche Post an der Fuzhou Lu 6 oder die Russisch-Chinesische Bank am Bund in der Hausnummer 15.

1 Zwischen den Wolkenkratzern bilden die geschwungenen Dächer des 247 gegründeten Jinag'an-Tempels einen reizvollen Kontrast zur modernen Architektur wie dem China Enterprise Tower, der 1997 vom East China Architectural Design Institute entworfen wurde.

und vom Kohlegeruch der sozialistischen Kantinen befreit und schließlich zum Sitz der gerade neu gegründeten Pudong Development Bank.

Tempel des Konsums

Bei den meisten der in den 1950er-Jahren enteigneten Gebäude hat sich die Stadtverwaltung eher vergeblich bemüht, sie wieder an die ursprünglichen Besitzer zu verkaufen. Sie sind zu klein in einer Stadt, in der man Reichtum durch die Höhe seiner Repräsentanzen zeigt. Dafür ziehen internationale Nobelmarken, Agenturen, teure Restaurants und Bars ein, die von ihren Speisesälen, Show-Rooms und Dachterrassen spektakuläre Ausblicke auf den Fluss bieten. Bestes Beispiel ist Three on the Bund, das sich im historischen und kulinarischen Epizentrum der Stadt befindet. Das Innenleben des über die Hausnummer 17 in der Guangdong Lu zu betretenden Gebäudes am Bund Nr. 3 wurde von Michael Graves auf spektakulä-

1 Das Ufo-förmige Radisson New World Hotel dominiert die alte Kuppel des 1926 erbauten Kaufhauses Sun Sun. 2 Abends wird die Nanjing Lu – wie hier vor dem Sun Sun – von greller Neonreklame erleuchtet. 3 Ein als Drachen dekoriertes Ausflugsschiff gleitet an Appartementkomplexen Yangpus vorbei. 4 Abendlicher Blick auf das alte Kaufhaus Sincere an der Nanjing Lu.

re Weise neu gestaltet. Neben noblen Bekleidungsgeschäften und Wellnessbereichen gibt es hier die drei exklusiven Restaurants »Jean Georges«, »Whampoa Club« und »Laris«, die allesamt zu den unbestrittenen kulinarischen Fixsternen der Stadt gehören. Ähnlich hält es das fast schon alteingesessene »M on the Bund« in der Hausnummer 5, das man über die Guangdong Lu 20 betritt. Es war das erste Restaurant, das die dramatische Aussicht für exklusives Essen nutzte und schon kurz nach seiner Eröffnung vom »Condé Nast Traveller Magazine« zu einem der besten Restaurants auf dem Planeten gekürt wurde. »M on the Bund« ist mittlerweile sogar unter die Kulturmäzene gegangen und veranstaltet seit 2006 das jährliche Shanghai International Literary Festival vom 1. bis zum 16. März, zu dem international renommierte Autoren aus aller Welt eingeladen werden.

In den Gassen des alten Central District und heutigen Huangpu, die sich hinter der herrlichen Kulisse erstrecken, herrschte die letzten 15 Jahre lang ein ohrenbetäubender Baulärm, sodass Wanderungen durch die Straßenschluchten einem Martyrium glichen. Den Lärm gibt es zwar heute immer noch, aber nicht mehr so geballt wie zu der Zeit, als fünf oder sechs in einer Straße nebeneinanderliegende Großbaustellen, auf denen rund um die Uhr gebaut wurde, keine Seltenheit waren. Am schlimmsten traf es die berühmte Einkaufsstraße Nanjing Donglu oder Nanjing East Road, wie heute wieder auf den Straßenschildern zu lesen ist. 1992 bestand ihr Verlauf im Wesentlichen aus windschiefen, dreistöckigen Fachwerkhäusern, die im Erdgeschoss ein Geschäft bargen. Das war seit je typisch für das kommerzielle Herz dieser Stadt, in der jeder nutzbare Raum auf Straßenhöhe irgendein Geschäft fasste – und sei es ein Bauchladen. Damals war die Warenwelt noch einfach: In einem Haus gab es Fotoartikel, im nächsten Arzneien, im übernächsten Haushaltswaren und so weiter. Unterbrochen wurde das Ganze von einer Handvoll verstaubter Kaufhäuser, Relikte aus einer Zeit, als diese noch eine echte Sensation darstellten. Das Kaufhaus war gerade erfunden worden, und mit dem Sincere wurde 1917 das erste auf

die damals noch Nanking Road genannte Haupteinkaufsstraße gesetzt. Heute befindet sich in diesem ältesten Gebäude der Straße (Nanjing Donglu 640–700) ein Modegeschäft. Ein Jahr später kam Wing On in der Nummer 635, heute das Yong'an-Kaufhaus, hinzu. Zusammen mit dem 1926 erbauten Sun Sun, Hausnummer 720, heute ein Lebensmittelgeschäft, und dem 1934 erbauten The Sun, heute das Kaufhaus Nr. 1 in

der Nanjing Donglu 830, bildeten sie die »Großen Vier«. Dem anfangs chaotischen Neuaufbau, dem so gut wie alle alten Gebäude zum Opfer fielen, folgte im Jahr 2000 endlich ein Konzept, das den Umbau der Straße nach Plänen des französischen Architekten Jean-Marie Charpentier zu einer Fußgängerzone verwirklichte und die Großen Vier als markante Blickfänge zwischen die modernen Einkaufszentren platzierte.

Auf dem Volksplatz

Charpentier hatte schon vor seinem Umbau der Nanjing Donglu ein Großprojekt verwirklichen dürfen. Er entwarf das Shanghai Grand Theatre auf dem Volksplatz, der alten Pferderennbahn der Briten. Sein Entwurf setzt die klassische chinesische Symbolik, in der runde Formen für den Himmel und eckige für die Erde stehen, in eine moderne Interpretation um. Ebenfalls eine Reminiszenz an das alte China ist das eigen-

willige Gebäude des Shanghai Museum. Es ähnelt in seiner Form einem der ältesten Gefäße Chinas, dem »Ding«, einem antiken Speisegerät mit zwei Griffen und drei Beinen. Damit schlägt dieses Bauwerk einen faszinierenden Bogen von der frühen, 5000 Jahre alten Zivilisation bis heute. Das Shanghai Museum hat es geschafft, keine ermüdende Aneinanderreihung von Artefakten zu präsentieren, sondern überschaubare Einzelausstellungen zu verschiedenen Themen zusammenzustellen. So findet man im Erdgeschoss Ausstellungen zu chinesischer Bronze und alten Skulpturen, in der ersten Etage gibt es Hallen für Keramik und Sonderausstellungen, während man in der zweiten Etage einen Einblick in die Welt chinesischer Siegel, Kalligrafie und Malerei bekommt.
Rechts neben dem Grand Theatre stehen noch das einfallslose Rathaus und das eindrucksvolle Museum für Stadtentwicklung. Dieses Museum zeigt dem Besucher jede Menge Modelle, kleine, große und mittlere, aus Plastik oder auf Papier, blinkende und farbige. Eines

aber übertrifft alle, nämlich ein riesiges Modell der Stadt mit einer handgefertigten Häuserlandschaft, die wirklich kein Gebäude dieser Riesenstadt auslässt und einen Eindruck davon vermittelt, wie die Stadt zur Weltausstellung 2010 aussehen wird.

Von der Pferderennbahn selbst ist nur der alte Turf Club übrig geblieben, in den vor einigen Jahren das hochinteressante Kunstmuseum eingezogen ist. In dieser würdigen Umgebung erhält man einen Einblick in die aktuelle Entwicklung der Kunstszene Shanghais und Chinas. Ein Höhepunkt sind die Bilder des erfolgreichsten Malers der Stadt, Chen Yifei (1946–2005), dessen Werke bereits Preise von einer halben Million Euro erzielen.

Die vielen himmelstürmenden Wolkenkratzer rund um den Volksplatz lassen vergessen, dass hier der Vorreiter der Entwicklung eines »Höher, besser, schneller« steht – das Park Hotel. Vergebens reckt sich der dunkle Bau in der Nanjing Xilu 170 (Nanjing West Road), der einst aus einsamer Höhe die Rennbahn überblick-

1 Freskos aus der Tang-Zeit im Shanghai Museum. 2 Das Shanghai Museum gehört zu den besten Museen Chinas. Es zeigt Artefakte aus 5000 Jahren Kunst und Kultur. 3 Wasserbüffel verzieren diesen Bronzebehälter der Westlichen Han-Zeit. 4 Kupfernes Pferd aus der Westlichen Han-Zeit.

te, in den Himmel. 1934 wurde das Hotel nach modernsten Maßstäben erbaut und war mit 22 Stockwerken nicht nur der erste Wolkenkratzer der Stadt, sondern auch das höchste Gebäude außerhalb Amerikas. Ausgestattet war es mit ultramodernen Fahrstühlen, wie sie auch im Empire State Building Verwendung fanden, und einem Ballsaal auf dem Dach, dessen gläserne Ecke eingezogen werden konnte, sodass man Partys über der Stadt im Freien feiern konnte. Das auf Chinesisch Guoji Fandian (International Hotel) genannte Park Hotel muss heute einer übermächtigen Konkurrenz trotzen. Eines kann ihm aber niemand nehmen: Mitten in der Lobby zeigt ein blinkender Punkt an, dass sich hier einst der geografische Mittelpunkt der Stadt befand.

Schatten des alten China

Noch bis zum Jahr 2000 war das ursprüngliche Shanghai im Stadtteil Nanshi lebendig. Dann wurde es vom nördlichen Stadtteil Huangpu geschluckt. Damit war auch das letzte Stückchen Eigenständigkeit des »originalen« Shanghai vom Stadtplan getilgt. Obwohl, nicht ganz: Der kleine Innenstadtring, der sich aus der Renmin Lu und Zhonghua Lu konstituiert, zeigt noch immer den Standort der alten Chinesenstadt an.

Wo Shanghai noch chinesisch ist

Der kleine Innenstadtring zeichnet exakt den einstigen Verlauf der alten Stadtmauer nach. In einigen der Straßen innerhalb des Rings findet man noch das anarchische Konglomerat alter Häuser, aber diese müssen mehr und mehr modernen Appartementblocks weichen. Zu teuer ist der Boden hier, als dass er für diese winzigen Behausungen verschwendet werden könnte. Einzig der Yu-Garten-Basar vermittelt noch eine Ahnung von der Vergangenheit.

Durch die Zusammenlegung der Stadtteile Huangpu und Nanshi ist der vergrößerte Stadtteil Huangpu zum offiziell am dichtesten besiedelten urbanen Stadtgebiet der Welt geworden. Wer sich einmal an einem Feiertag in den Norden der Altstadt in den Yu-Garten-Basar (Yuyuan Shangcheng) wagt, der wird am eigenen Leibe erfahren, welch drangvolle Enge dort herrschen kann. Unglaublich ist das Geschiebe auch an normalen Wochentagen, wenn die herrlichen, verwinkelten Gassen von Einheimischen und Touristen bevölkert wer-

den. Die engen Gassen sind vom Geschrei der Händler und dem Geplärre von Lautsprechern aus den Geschäften erfüllt, und für die Zeit des Aufenthalts wird man in eine ganz eigene, chinesisch-chaotische Welt entführt. Der Zugang zur Altstadt erfolgt über das alte Nordtor, dessen früherer Standort heute nur noch an

dem Schmuckbogen, der die Henan Nanlu über-spannt, zu erahnen ist. Bis 1912 ragte hier noch die ab-weisende Stadtmauer der Kreisstadt Shanghai in die Höhe. Chinas Stadtmauern waren seit alters her der wichtigste und auch heiligste Teil einer Stadt, da in ihr nach traditioneller Vorstellung göttliche Kraft ruhte. Im Falle Shanghais versagte der Schutz am 9. Juni 1842. Britische Kaufleute hatten ein Auge auf die Stadt ge-worfen, wo sie eine Handelsniederlassung eröffnen wollten. Sie waren mit Unterstützung der britischen Marine vor der Stadtmauer aufgekreuzt, auf der sie den Union Jack als Zeichen ihres Sieges hissten. Das war das traditionelle Zeichen der Unterwerfung einer Stadt.

Opium und Syndikate

Durch die erzwungene Öffnung Shanghais für den Außenhandel wurde zwar ein neues Stadtgebiet außerhalb der Mauern geschaffen, aber innerhalb der Stadtmauer ging das Leben weiter seinen gewohnten, traditionellen Gang. Für Briten, Franzosen und Ame-rikaner war dies eine unverstandene Welt, von der sie

lieber die Finger ließen. Hier in der alten Chinesen-stadt waren Mord, Erpressung und Entführung an der Tagesordnung. Nach außen erschienen die chaoti-schen, engen Gassen als ein Sumpf sich befehdender Verbrecherbanden, tatsächlich aber war die chinesi-sche Stadt ein streng hierarchisch strukturiertes Kon-strukt, das von Chinas größtem und mächtigsten Syn-dikat, der Grünen Bande, beherrscht wurde. Diese berüchtigte, im 18. Jahrhundert von arbeitslosen See-männern gegründete Unterweltorganisation wurde vom allmächtigen Boss Du Yuesheng (1888–1951), auch Großohr Du genannt, kontrolliert. Gemeinsam mit der Roten und Blauen Bande, die ebenfalls sehr einflussreich waren, beherrschten sie nicht nur Shang-hai, sondern auch die angrenzenden Provinzen Jiangsu und Zhejiang.

Die große Macht der Grünen Bande war durch die An-wesenheit der Briten überhaupt erst ermöglicht wor-den. Ihr illegaler Opiumhandel verhalf den Verbre-chersyndikaten zu einem unglaublichen Reichtum. Schließlich tummelten sich an die 100 000 Gangster und fast genauso viele von den Syndikaten kontrollier-te Prostituierte in der Stadt, die nicht zuletzt ihrer Opi-umhöhlen wegen berüchtigt war.

1 Kinder in einem Teehaus in der Altstadt. 2 McDonald's ist selbst aus der Altstadt nicht mehr wegzudenken. 3 Das Halten von Grillen gehört zu den traditionellen Hobbys. 4 Einige ur-sprüngliche Gassen der Altstadt konnten bis heute ihrem Ab-riss entgehen. 5 Auch im modernen Shanghai transportiert diese Marktfrau ihre Ware noch mit dem Tragstock.

Zum Frühlingsfest herrscht im Yu-Garten-Basar stets drangvolle Enge.

Die Mitglieder der Grünen Bande unterwanderten die Stadtverwaltungen auch der Konzessionen, und sogar Chiang Kai-shek zahlte selbst als Diktator Chinas noch Schutzgelder an Du Yuesheng. Im Gegenzug half dieser ihm 1927 dabei, die Kommunistische Partei nahezu zu zerschlagen. So verwoben war das Netz aus Abhängigkeiten und Korruption, dass der berüchtigte Chef der Roten Bande, Pockennarben-Huang, ganz offiziell zum chinesischen Geheimdienst- und Polizeichef des International Settlement aufsteigen konnte, während ein Unterboss der Grünen Bande die Kripo leitete.

Ende eines Dornröschenschlafs

Der Einmarsch kommunistischer Truppen in Shanghai machte dem Spuk ein Ende. Die Führungsspitzen der Syndikate flohen mit Chian Kai-shek nach Taiwan, wo sie als »ehrenwerte« Bürger der Republik

1 Tang-zeitlich aufgemachte Figuren sind beliebte Souvenirs.
2 Auf dem Flohmarkt in der Fuyou Lu wird kunstvoll bemalte Keramik verkauft. 3 Der verwinkelte Yu-Garten-Basar wurde 1995 auf seinem alten Standort neu erbaut. 4 Im 18. Jh. entwickelte man die Kunst, Fläschchen von innen zu bemalen. 5 Die Jadeschnitzerei gehört zum kulturellen Erbe Chinas.

China ihren Lebensabend verbrachten. Wer nicht fliehen konnte, wurde umgezogen, aufs Land verschickt, »gesäubert«.

Nanshi, die Südstadt, wurde ein normaler, wenn auch heruntergekommener Stadtteil Shanghais. Mit der Öffnung der Stadt für ausländische Investoren im Jahr 1992 führte das Terrain zunächst ein Schattendasein. Die Modernisierung war überall allgegenwärtig, nur nicht hier. Die Häuser blieben windschief wie eh und je, die Wäsche, die über den engen Gassen hing, schluckte die wenigen Sonnenstrahlen, die den Weg in die schmalen Straßen fanden, und der einzige Verkehrslärm war das Klingeln der Fahrradfahrer, die sich durch die dunklen Viertel quälten.

Pudong, das nördliche Huangpu, Xuhui oder Luwan, alle diese Stadtteile haben Gestalt angenommen, werden beherrscht von Wolkenkratzern, die kaum Raum für Grünflächen lassen, doch nun ist der Platz für neue Hochhäuser knapp geworden. Damit fiel der Blick der Investoren fast zwangsläufig auf die Südstadt. Riesige Flächen wurden nunmehr zur Bebauung freigegeben. Erste moderne und teure Appartementkomplexe sind entstanden und beginnen, das Bild dieses Viertels erstmals seit Jahrhunderten zu verändern. Wer erleben möchte, mit welcher Geschwindigkeit der Wandel in China vonstatten geht – hier ist der richtige Ort dafür. Nur verschwindet dabei leider auch das letzte Stückchen genuinen alten Shanghais.

Basarleben und Teegenuss

Wenn auch nicht die Altstadtsubstanz, so ist im Basarviertel rund um den Yu-Garten wenigstens die Atmosphäre erhalten geblieben. Dieser Bereich wurde vor einigen Jahren abgerissen und unverwechselbar chinesisch im alten Stil wieder neu aufgebaut. In den verwinkelten Gassen dampft und brodelt es wie

vor 500 Jahren, und genauso lang ist der Yu-Garten-Basar auch schon ein blühendes, quirliges und buntes Geschäftsviertel. Im Norden wird er von der Fuyou Lu begrenzt, im Süden von der Fangbang Zhonglu. Beide Straßen werden von zahllosen Antiquitäten- und Kunsthandwerksläden gesäumt. Echte Antiquitäten wird man hier kaum finden, aber in China werden ja nicht nur ausländische Markenartikel kopiert, auch die Kopien chinesischer Kunstwerke sind oft so kunst-

voll wie die Originale selbst. Am interessantesten ist der Fuyou Antique Market in der Fangbang Zhonglu 459, wo es vor allem am Sonntag brechend voll wird, wenn Hunderte von Händlern die vier Etagen mit ihren Sammlerstücken, Uhren, Bildern und unechten Antiquitäten bevölkern.

Man bewegt sich ein wenig wie in Trance durch den Basar, aber immer wird man unweigerlich auf das Zentrum mit seinem Goldfischteich und dem Teehaus im Herzen des Sees (Huxinting-Chaguan) treffen. Man erreicht es über die Neun-Biegungen-Brücke, eine Zickzackbrücke, in deren Mitte sich das faszinierende, hölzerne Teehaus erhebt. Im alten – und auch ein bisschen im neuen – China glaubte man, dass Dämonen nur geradeaus gehen können, und so ist man bei einer gemütlichen Tasse Tee vor Geisterwesen sicher. Am schönsten ist es natürlich in den Morgenstunden oder am späten Nachmittag, wenn die Touristen noch nicht da oder schon wieder weg sind.

1 Das im alten Stil neu erbaute Tor markiert den ursprünglichen Beginn der Fangbang Lu. 2 Alle alten Häuser der Fangbang Lu wurden abgerissen und im traditionellen Stil wieder aufgebaut. 3 Papierdrachengeschäft im Yuyuan-Basar. 4 Dieser Laden verkauft bunte Dekorationen für die traditionellen Feste.

Der Yu-Garten

Bietet das Teehaus klassischen Teegenuss, so offenbart der zwei Hektar große Yu-Garten ein Stück klassisches China inmitten der modernsten Stadt des Landes. Es war das Privileg der reichen Mandarine und Kaufleute, sich solche kostspieligen Gärten anzulegen. Wachsende Grundstückspreise ab dem 14. Jahrhundert und nicht zuletzt das knappe Bauland in den Städten führten dazu, dass sich Privatgärten wie der Yu-Garten meist nur über wenige Hektar erstreckten. Dank einer raffinierten Architektur vermitteln sie dennoch den Anschein von Weitläufigkeit und Größe. Je-

der Garten wird mit Bäumen, Felsen, einem Teich oder See, Zickzackwegen, gewundenen Korridoren, Brücken, Torbogen, Kalligrafien und Bauwerken zum Leben und Arbeiten, Feiern und Meditieren bestückt und zu einem dreidimensionalen, von einer Mauer umgebenen Gesamtkunstwerk zusammengefügt. Jedem Gestaltungselement kam dabei eine spezifische Bedeutung zu, nichts war Zufall, den es nach herrschender konfuzianischer Ideologie auch gar nicht geben durfte, um die Harmonie im Lauf der Welt nicht durcheinanderzubringen.

Tatsächlich bilden chinesische Gärten nicht die reale Natur ab, sondern sind ein im konfuzianischen und daoistischen Sinne für ideal gehaltenes Abbild der Natur. Der private Garten sollte Einfachheit, Formlosigkeit und Wunschlosigkeit sowie Pflichterfüllung und Redlichkeit reflektieren. Gleichzeitig war er Ausdruck ihrer Besitzer für den Wunsch nach einem reizvollen, glücklichen und langen Leben.

Glück, Reichtum und ein langes Leben

Die für das Selbstverständnis einer Stadt so wichtige Stadtmauer wurde durch den nicht minder wichtigen Tempel für die Stadtgötter ergänzt. Diese Götter hatten die Aufgabe, die Stadt und den dazugehörigen Verwaltungsbezirk zu beschützen. In Zeiten des Friedens sollten sie allerdings eher für Wohlstand, Glück und eine langes Leben sorgen. Überall in der Altstadt trifft man in Form überdimensionaler Silbertaels, die wie ein Schiffchen geformte Währungseinheit im alten China, und in den Geschäften aufgestellter Reichtumsgottheiten auf diese drei chinesischen Grundwünsche, die auch von den drei wichtigsten Hausgöttern Chinas – Fu, Lu und Shou – repräsentiert werden. Fu, zu seinen Lebzeiten im 6. vorchristlichen Jahrhundert der Steuerbeamte Yang Cheng, ist der Gott des Wohlstands und des Glücks. Lu ist der Gott des Ansehens

Wenn es dampft und brodelt

China hat nicht nur zahllose regionale Küchenstile hervorgebracht, sondern auch unzählige Varianten der Zubereitung. Über 50 verschiedene Arten des Kochens werden nach Zubereitungstemperatur, Farbe, Gewürzmischung, Zusammenstellung, Aroma, Geschmack und Aussehen der Gerichte unterschieden. Allein 15 Brat- und Frittiertechniken und mehr als acht Schmormethoden sorgen für den charakteristischen Geschmack der Lebensmittel. Und schließlich gibt es noch diverse Verfahren zum Dämpfen, Räuchern, Backen und so weiter.

Trotz aller Vielfalt bevorzugen Shanghaier ihre eigene Küche, die mit den regionalen Stilen Hangzhous, Suzhous, Zhenjiangs, Huai'ans und Yangzhous die variantenreiche Huaiyang-Küche bildet. Sie zeichnet sich durch ihre frischen und zarten Grundstoffe, sorgfältige Zubereitung, frischen und leichten Geschmack und schöne Farben und Formen aus. Besonders gerne backen oder rösten die Shanghaier ihre Gerichte in einer schweren roten Sauce, deren Grundbestandteile Sojasauce, Öl und Reiswein sind. Auch Süßsaures ist äußerst beliebt. Zu guter Letzt gilt die Huaiyang-Küche als Spezialistin für Suppen, von denen es mehr als hundert Varianten gibt. Berühmte Gerichte sind das Bettlerhuhn aus Hangzhou, geschmortes Schweinefleisch nach Su Dongpo, süßsaurer Fisch und Drachenbrunnen-Krabbenfleisch.

Und wo kostet man das alles? In der Stadt wetteifern Tausende von Restaurants um Kundschaft, aber besonders spannend ist natürlich ein Bummel über die typischen »Essenstraßen«, an denen sich unzählige Restaurants aufreihen. Drei sind ganz besonders bekannt und erstrahlen abends im grellen Neonglitzer: die Huanghe Lu, die hinter dem Park Hotel am Volksplatz beginnt, die Yunnan Lu, die südöstlich vom Volksplatz von der Yan'an Lu abgeht, und die Zhapu Lu, die östliche Parallelstraße der Sichuan Beilu gleich nördlich des Wusong-Flusses.

Wer es eher traditionell mag, geht in den Yuyuan-Basar mit seiner bunten Mischung aus edlen Traditionsrestaurants wie dem Lü Bo Lang, wo schon die Queen und Bill Clinton Shanghaier Spezialitäten gekostet haben, und ganz gewöhnlichen Restaurants. Auch sonst ist die quirlige Umgebung nicht die schlechteste Wahl, kann man doch in den Garküchen rund um den Stadtgott-Tempel leckere und preiswerte Snacks kosten. Berühmt sind die köstlichen *Xiaolongbao*, gefüllte und in Bambuskörben gedämpfte Teigtaschen, die es zwar in ganz China gibt, aber nur die aus Shanghai sind wirklich echt. Ebenfalls beliebt sind *Baozi*, sozusagen der größere Bruder der Xiaolongbaos, mit einem dickeren Teig um die Fleisch- oder Gemüsefüllung. Weitere Snacks, auf die man treffen wird, sind *Hundun*, eine Art chinesischer Ravioli, die man im Westen eher unter dem Namen Wonton kennt, *Shuijiao*, in Wasser gekochte Maultaschen, *Jianbing*, ein Omelett mit Frühlingszwiebeln, das auf einem heißen Eisen zubereitet und mit Chilisauce serviert wird, und natürlich *Doufu*, das ist Tofu in allen Variationen von gebraten bis mariniert, Hundertjährige Eier sowie gebackene Süßkartoffeln.

Wer ein wenig mehr Zeit erübrigen kann, sollte sich auch einmal in eines der kleinen Lokale setzen. Hier bekommt man einfache und leckere Gerichte wie *Niurou Mian*, Nudeln und Rindfleisch in einer köstlichen Brühe, *Chao Mian* oder *Chao Fan*, gebratene Nudeln beziehungsweise gebratener Reis, *Qiguo*, ein mit Suppe und Fleisch gefüllter Tontopf mit einem Loch in der Mitte, über den heißer Dampf eingeleitet wird, *Shaguo*, ein Tontopf, in dem Eintopf gegart wird, und *Shaokao*, eine Form von Grill, auf dem man sich sein Fleisch und Gemüse selber brät.

1 Die Geschäfte in den Straßen der Shanghaier Altstadt, wie hier in der Shanghai Old Street, sind immer dicht umlagert, aber dafür auch der beste Ort, um die typischen Shanghaier Snacks zu kosten oder die Zutaten für ihre Herstellung zu kaufen.

1

und des Überflusses, während Shou für Gesundheit und ein langes Leben zuständig ist. Fu, Lu und Shou stehen als Werte bis heute für die drei wichtigsten Ziele der Chinesen in ihrem Leben.

Der Shanghaier Stadtgott-Tempel wurde in der Song-Zeit (960–1279) erbaut und 1403 zum Stadtgott-Tempel umgewidmet. Qin Yubo (1295–1373), ein hoher kaiserlicher Beamter, wurde zum ersten Stadtgott dieses Tempels erkoren. Letzter amtierender Stadtgott war der ehemalige General Chen Huacheng (1776 bis 1842), der beim Kampf gegen die Briten im Ersten Opiumkrieg gefallen war. Somit hatten ihn die Briten als Schutzgottheit direkt vor der Nase. Aus chinesischer Sicht dürfte er einer der erfolgreichsten Schutzgötter Shanghais überhaupt gewesen sein, denn unter seinem Schutz gelangten viele Shanghaier zu märchenhaftem Reichtum. Es war in China nicht unüblich, verdiente Generäle, für ihre Unbestechlichkeit und Loya-

1 Wandelgänge, Teiche und Pavillons im Yu-Garten. 2 Im Teehaus im Herzen des Sees kann man fern von Besucherhorden seinen Tee genießen. 3 Der Fisch ist ein Symbol des Reichtums und in den Teichen des Yu-Gartens reichlich vertreten. 4 Das Teehaus im Herzen des Sees wird abends romantisch angestrahlt. 5 Eine Touristin lässt sich im Yu-Garten in einem Dress der Miao-Nationalität fotografieren. 6 Der Konfuzius-Tempel ist eine beliebte Kulisse für Filmaufnahmen.

lität geschätzte Mandarine oder andere Helden per kaiserlichem Dekret zur Gottheit zu befördern. Waren sie allerdings nutzlos, wurden sie wieder abgesetzt. Wichtiger als der Kult um die Schutzgottheiten wurde in Shanghai allerdings die Verehrung des Mammons, und zwar in Form des Reichtumsgottes Cai Shen. Er ist an seinem schwarzen, wallenden Bart zu erkennen und hat seinen Platz ebenfalls im Stadtgott-Tempel. Cai Shen war im 3. Jahrhundert v. Chr. ein verdienter General des ersten Kaisers von China, Qin Shi Huangdi, bevor er zur Gottheit aufstieg. Ihm werden auch magi-

sche Kräfte zugesprochen. Offensichtlich ist er recht erfolgreich, denn er steht in fast allen Geschäften.

Ab 1949 wurden die alten Stadtgötter auf den Abfallhaufen des Aberglaubens geworfen. Der Große Steuermann Mao, im Volksglauben übrigens mittlerweile selbst zum Gott gemacht, sorgte schließlich für seine Untertanen. 1951 wurde der Tempel daher der daoistischen Vereinigung der Stadt übergeben und in einen daoistischen Tempel umgewidmet.

Von Buddha zu Konfuzius

Fast vergessen ist auf dem Weg nach Westen der kleine Chenxiang-Tempel in der Chenxiangge Lu 29. Der Erbauer des Yu-Gartens, Pan Yuduan, ließ ihn 1600 für seine Mutter errichten. Später verfiel er, und in der Kulturrevolution wurde die hübsche Anlage fast vollständig zerstört. 1989 besann man sich dieses schmucken Erbes und ließ es nach alten Plänen neu aufbauen. 1994 wurde der Tempel als buddhistisches Nonnenkloster wieder eröffnet. Man erreicht die etwas schwer zu findende und daher auch untouristische

henden 50 Meter sind von diesem einstmals so imposanten Bauwerk übrig geblieben. Der Dajing-Pavillon war einer von 30 Türmen entlang der Mauer. Innen gibt es eine kleine Ausstellung zur Geschichte und zum Leben in der Altstadt.

Anlage, indem man sich vom Yu-Garten nach Westen hält, die Jiuxiaochang Lu überquert und dann in die Chenxiangge Lu einbiegt.

Der Tempel ist ein schöner Ausgangspunkt für einen kleinen Bummel durch die Zeit und die chinesischen Religionen. Folgt man der Straße nach Westen, erreicht man nach wenigen Minuten die große Nord-Süd-Magistrale Henan Nanlu, die man einige Meter nach Süden läuft, bis die Dajing Lu von ihr nach Westen abzweigt. Diese interessante Straße bietet noch originales Shanghaier Altstadtleben mit windschiefen Häusern, Garküchen, kleinen Geschäften und Werkstätten und vor allem einem Familienleben, das sich (noch) fast vollständig auf der Straße abspielt. Wer am Nachmittag kommt, muss aufpassen, weil dann die Kinder in Badezubern auf dem Bürgersteig gewaschen werden. Am Ende der Straße in der Dajing Lu 269 steht rechter Hand mit dem Dajing-Pavillon (Dajing Ge) das letzte erhalten gebliebene Relikt der alten Stadtmauer. Sie war 8,1 Meter hoch und 4,8 Kilometer lang. Insgesamt führten zehn Tore in die Stadt. Nur noch die hier zu se-

Gleich nebenan steht der Tempel der Weißen Wolke (Baiyun Guan). Eigentlich stand er noch bis 2004 an einer anderen Stelle weiter südlich, musste aber dem Bau eines Appartementkomplexes weichen und wurde an diese Stelle verlegt. Der ursprüngliche Bau stammte aus dem Jahr 1863. Der Tempel gehört zu den beiden einzigen in China – der andere, namensgleiche Tempel steht in Peking –, die eine Abschrift einer kostbaren daoistischen Schrift aus der Ming-Zeit besitzen. Der Tempel ist noch aktiv, und mit ein wenig Glück erlebt man vielleicht eine daoistische Zeremonie mit Musik, Gesängen und einer Prozession der Mönche in ihren Roben.

Über die Renmin Lu kann man nun weiter nach Süden wandern. Diese Straße markiert den Verlauf der alten Mauer und war ursprünglich der außen vorgelagerte Wassergraben, der die Stadt umringte. In der Republikzeit wurde er zugeschüttet und zur Ringstraße umgebaut, die den Namen Zhonghua Lu, Chinastraße, und Minguo Lu, Republikstraße, bekam. Zusammen gelesen hieß sie also Straße der Republik China. Die Kommunisten griffen dieses Wortspiel nach 1949 auf und benannten den Nordteil des Rings in Renmin Lu um, sodass die Lesart nun Straße der Volksrepublik China war.

An der Wenmiao Lu biegt man links ein und gelangt nach wenigen Metern zum alten Konfuzius-Tempel, der ebenfalls eine bewegte Geschichte hinter sich hat. Zwar besaß die Stadt seit dem Jahr 1267 einen Konfuzius-Tempel, aber dieser hier wurde 1855 an seinem jetzigen Standort erbaut. Wie kaum ein anderer Philosoph prägte Konfuzius (551–479 v. Chr.) die gesamte chinesische Geistesgeschichte und Lebenswelt, und nach seinem Tod wurden ihm überall im Land Tempel geweiht.

Unter Mao waren Konfuzius-Tempel verpönt und verkamen zu Vergnügungsparks oder wurden in Fabriken und Schulen umgewandelt. Dieser hier ist ein herrlicher Rückzugsort von der Hektik Shanghais und wurde 2000 zu einem Museum umgebaut. Zu sehen gibt es die Statuen der beiden wichtigsten Schüler und Nachfolger des Gelehrten, Yanhui und Menzius, und den Kuixing-Pavillon mit dem Gott der Literatur und Künste. Die alte Studierhalle präsentiert eine kleine Ausstellung mit kostbaren Teekannen. Sonntags findet hier ein großer Buchmarkt statt.

1 Im Konfuzius-Tempel bringen Besucher Räucherstäbchenopfer dar. 2 Am Geburtstag von Konfuzius gibt es traditionelle Trommelvorführungen. 3 Der Konfuzius-Tempel dient heute nur noch als Museum. 4 In der Haupthalle des Konfuzius-Tempels steht eine Statue des großen Philosophen.

Shoppen, Schauen, Genießen

Luwan und Xuhui heißen die beiden Stadtteile, die das Gebiet der alten französischen Konzession umfassen. Anders als im ganz vom Kommerz beherrschten britisch-amerikanisch geprägten Central District, betrat man in der »concession française« eine Welt, in der man sich ganz dem Savoir-vivre hingab. Die Modernität Huangpus und Pudongs mag faszinieren, aber sie bleibt unpersönlich. Luwan und Xuhui sind selbst im schnelllebigen Shanghai noch immer Viertel zum Wohlfühlen.

Une »ville canaille«

Das ehemalige französische Viertel gibt dem Moloch ein menschliches Antlitz und bietet Rückzugsmöglichkeiten von der Atemlosigkeit der restlichen Stadt. In den alten Villen der Reichen und Schönen gibt es heute einladende Cafés und stilvolle Lokale. Auch wenn das Leben hektischer geworden ist – dies ist das Shanghai, in das man sich regelrecht verlieben kann. Eine »Stadt des Gesindels« nannte der Journalist Lucien Bodard, der Sohn des französischen Generalkonsuls in Shanghai, die Stadt, und doch erinnerte er sich später an seine französische Heimat in Fernost als einen Ort voller Romantik, Eleganz und Vornehmheit. Die Franzosen waren von Beginn an auf die Eigenständigkeit ihrer Konzession bedacht und unterhielten deshalb ihre eigenen Polizeistreitkräfte, eine Feuerwehr, Kraftwerke und ein mit dem Rest der Stadt nicht kompatibles Straßenbahnsystem. 1849 hatten sie den kleinen, zwischen internationaler Konzession und Chinesenstadt freigebliebenen Puffer besetzt, um hier ihr

Mit der Öffnung Shanghais für ausländische Investitionen drohte das einzigartige französisch-chinesische Gesicht der Stadt zu kippen. Shanghai sollte modern werden, für die herrlichen, allerdings auch oft kurz vor dem Verfall stehenden Villenzeilen war im modernen

vertraglich zugesichertes Konzessionsgebiet zu errichten. Von Anfang an zeigten die Franzosen keine Berührungsängste mit der Chinesenstadt, und schon bald gingen fernöstliches Durcheinander und französisches Flair ihre unverwechselbare Symbiose ein.

Shanghai kein Platz mehr. Als Erstes erwischte es das alte, 1895 erbaute französische Konsulat am Quai de France, dem französischen Teil des Bunds, das an der Stelle stand, wo heute die Jinling Lu, die ehemalige Rue du Consulat, beginnt. Diese interessante Straße wird von alten, mit Arkaden geschmückten Handelsgebäuden gesäumt, wie man sie sonst eher in Südchina findet. Ein wenig wirkt sie daher wie ein aus der alten Chinesenstadt ausgelagertes Einkaufsviertel für die Bewohner des südlichen Huangpu.

Nobelmeile Huaihai Lu

Die Nanjing Donglu, so sehen es zumindest die Shanghaier, ist etwas für Touristen. Das echte Shoppingerlebnis bietet nur die mondäne Huaihai Zhonglu beziehungsweise Huaihai Middle Road. Hier kaufen die Einwohner der Stadt ein. Schon als die Straße noch Avenue Joffre hieß, war dies das heimliche Herz der Stadt und darüber hinaus das wichtigste kommerzielle Zentrum der chinesischen Kaufmannschaft, und zwar in Form der Gilde der Kaufleute aus Ningbo, einer Hafenstadt rund 400 Kilometer südöst-

lich von Shanghai. Der östliche Teil der Huaihai Lu hieß daher auch passenderweise Rue de Ningpoo. Die Ningboer Kaufleute waren die treibende Kraft hinter dem wirtschaftlichen Aufstieg Shanghais. Aus ihren Reihen kamen die großen Bankiers, Reeder und Kaufleute. Der Ruf, brillante Kaufleute zu sein, geht tatsächlich gar nicht auf die Shanghaier selbst zurück, sondern auf die Ningboer Kaufmannschaft. Mit der Machtübernahme der Kommunisten flohen die meisten von ihnen nach Hongkong, wo sie der britischen Kolonie einen fast ebenso kometenhaften Aufstieg ermöglichten wie vormals Shanghai. Heute sind die Nachfahren dieser Kaufleute mit die größten Investoren in der Stadt, und ihre Konsumtempel beherrschen das Bild der mondänen Huaihai Zhonglu.

Am interessantesten ist diese Shoppingmeile, die echtes Weltstadtflair auszeichnet, zwischen der U-Bahnstation Huangpi Nanlu und Shaanxi Nanlu. Dieser Abschnitt bietet einen unvergleichlichen Mix modernster Hochhauskulissen mit dem Flair alter kolonialer Fassaden.

Chinesische Einkaufszentren und Kaufhäuser sind nicht bloße Konsumtempel, sondern Erlebnisstätten mit stilvollen Cafés, Restaurantmeilen mit Dutzenden

1 In der Huaihai Lu reiht sich ein nobles Geschäft an das andere. 2 Modemagazine geben auch in der schnelllebigsten Stadt Chinas den jeweils aktuellsten Modetrend vor. 3 Das restaurierte Shikumen-Viertel Xintiandi hat sich aus dem Stand heraus zum angesagtesten Kneipenviertel entwickelt. Im Sommer kann man hier überall auch im Freien sitzen. 4 In China wird viel gefälscht, aber die echten Shanghaier tragen am liebsten originale Markenware.

Restaurants und Garküchen, Vergnügungszentren, kurz allem, mit dem das Shoppingerlebnis kultiviert werden kann. Die Namen der Kaufhäuser tragen so internationale Namen wie Shanghai Times Square in der Huaihai Zhonglu 99, Pacific Department Store in der Hausnummer 333 oder Hongkong Plaza in der Haus-

nummer 283, das sich gleich über beide Straßenseiten erstreckt. Auch die Modegeschäfte sind international: Versace, Chanel, Emporio Armani oder Gucci, sie alle sind gleich mehrfach in den zahlreichen exklusiven Shopping Malls vertreten. Selbst auf H&M muss man nicht verzichten, es befindet sich in der Nr. 645–659.

Die KPCh und ein neues Universum

Hinter der himmelstürmenden Fassade gläserner Wolkenkratzer beginnt eine ganz andere, eigene Welt. Hier dominieren die Wohnviertel, die noch fast vollständig aus den alten Häusern der französischen Konzessionszeit bestehen. Auf der Huaihai Zhonglu selbst übersieht man die wenigen alten Gebäude zwischen den vielen Hochhäusern und neonglitzernden Schildern schnell. Man erkennt sie aber an den roten

Backsteinfassaden. Und wer genauer hinsieht, wird immer auch eine Tafel des Amtes für Denkmalschutz finden, auf denen das entsprechende Gebäude vorgestellt wird. Ein hübsches Beispiel ist das Gebäude der ehemaligen »Municipalité« gleich an der U-Bahn-Station Huangpi Nanlu. Es ist gleichzeitig auch ein Beispiel dafür, was in Shanghai unter Denkmalschutz verstanden wird. Theoretisch gehört es zu jenen 250 Bauwerken, die unter Bestandschutz gestellt wurden. Entsprechend hat die Stadtteilverwaltung, die in Teilen des Gebäudes residiert, die Fassade mehr oder weniger im Originalzustand belassen, während die einstige, wunderschöne klassizistische Innenausstattung durch einen Mix aus Chrom, Marmor und Glas ersetzt wurde. Immerhin, der Erhalt der Fassade bildete den Anfang einer Tendenz, nicht immer alles abzureißen, sondern das gewachsene Stadtbild wenigstens in Teilen zu erhalten. Die Hongkonger Immobiliengruppe Shui On erkannte schließlich auch den kommerziellen Wert

des Alten, als sie sich zwischen dem Huaihai-Park und dem Fuxing-Park ein über 52 Hektar großes Filetstück sicherte, um es »neu zu entwickeln«. So nennt man in Shanghai eigentlich den großflächigen Abriss von Altbausubstanz, und daher war zunächst das Schlimmste zu befürchten. Aber mitten in diesem Filetstück stand die Gründungsstätte der KPCh, der Kommunistischen Partei Chinas, und die durfte nicht angetastet werden. Am 23. Juli 1921 hatten sich in dem unauffälligen Gebäude mit der Hausnummer 106 der damals noch Rue Wantz genannten Straße (heute die Xingye Lu Nr. 76), zwölf junge Chinesen getroffen, um die Gründung der KPCh zu besprechen. Die konspirative Gruppe flog allerdings auf und musste die formelle Gründung vertagen. Gleich um die Ecke in der Taicang Lu 127 hatten die jungen Männer in der – wegen der Sommerferien geschlossenen – Bo-Wen-Mädchenschule übernachtet. Diese beiden Gebäude bilden heute den Ostrand von Xintiandi, dem Neuen Universum, in

1 1921 wurde hinter den Backsteinmauern Xintiandis die KPCh gegründet, heute residieren in dem Viertel hauptsächlich noble Restaurants und Kneipen. 2 In den noch übriggebliebenen Shikumen-Vierteln spielt sich das Alltagsleben bis heute auf der Straße ab. 3 Teestuben sind in China das, was bei uns die Cafés sind: gemütliche Treffpunkte zum Entspannen. 4 In den versteckten Winkeln von Xintiandi findet man hinter jeder Ecke gemütliche Cafés wie das Pao's.

dem die alte Bausubstanz im Karree zwischen Madang Lu und Huangpi Nanlu saniert und zu edlen Restaurants, Läden und Kneipen umgewandelt wurde. Abgeschlossen wird der Komplex durch den Taipingqiao-See im Süden und den Huaihai-Park im Osten. Erfreuliche Nebenwirkung dieses marktwirtschaftlich angegangenen Denkmalschutzes war für die Investoren, dass die Mieten und Wohnungspreise in diesem Areal nun zu den höchsten der Stadt gehören, nachdem es sich dank eines durchdachten Konzepts zu einem der interessantesten Wohn- und Geschäftsviertel der Stadt entwickelt hat.

In der Huaihai Zhonglu hat der schwedische Bekleidungskonzern H&M seine erste Filiale in China eröffnet.

Wohnen in Shanghai – die Shikumen-Lilong

Mit dem rasanten Anwachsen Shanghais ab 1860 sahen sich die einzelnen Stadtverwaltungen gezwungen, etwas gegen die drohende Verslumung zu tun. Anfangs nahm man sich für die Bebauung die Ar-

Bewohnern Schutz und das Gefühl der Zugehörigkeit zu ihrem Quartier. Mit dem Umbau Shanghais zur Weltstadt fielen die Shikumen-Lilong, die über 65 Prozent der Stadtfläche ausmachten, erst langsam, dann immer schneller der Modernisierung zum Opfer. Zahlreiche Siedlungen in der Umgebung von Xintiandi oder auch in der Shaanxi Nanlu und ihren Parallel-

beitersiedlungen Londons und Manchesters zum Vorbild. Bis 1864 wurden auf dichtestem Raum 9000 hölzerne Behausungen in den Konzessionen hochgezogen. Man nannte diese eng bebauten Quartiere »Li«, ein Begriff, der im alten China eine Nachbargemeinschaft von 25 Familien bezeichnete. Wegen der großen Feuergefahr wurden die Holzbauten ab 1870 durch traditionellere Bauwerke aus Backstein und Holz ersetzt. Dieser Baustil war vom Haustyp des südlichen Yangzi beeinflusst. Die Häuser waren immer nach Süden ausgerichtet und hatten meist einen kleinen, von einer Mauer eingefassten Hof vor dem Haus. Die Wohnquartiere wurden durch ein hierarchisch gegliedertes System von Haupt- und Nebenwegen, sogenannte »Long«, erschlossen und hießen nun entsprechend Lilong. Am Eingang jedes Wohnquartiers stand ein Steintor, das auf Chinesisch »Shikumen« heißt und den typischen Shanghaier Wohnquartieren schließlich den Namen Shikumen-Lilong verlieh. Weil nur ein Hauptweg jeweils Anschluss an die Straße hat, ist der gesamte Lilong nach außen geschlossen und bietet den

straßen wurden zwar in den letzten Jahren unter Denkmalschutz gestellt, aber der besondere Charme, die historisch gewachsene Kultur und die Lebensweise dieser Lilong sind weitgehend aus dem Bild der Stadt verschwunden. Ein Museum, das Shikumen Open House Museum in Xintiandi (täglich 11–23 Uhr geöffnet) erlaubt noch einen letzten Blick in diese aussterbende Wohnkultur.

Shanghaier Parkleben

Galten die Shikumen-Lilong den Sanierern als Slumgebiete, haben es die Villenviertel des alten Shanghai besser. Halb verfallen, waren sie zunächst ebenfalls eine bevorzugte Beute gieriger Spekulanten, aber mit wachsendem Wohlstand erkannten ihre Bewohner schnell, dass das Leben in einer Villa nicht nur *bourgeois* war, sondern gegenüber den charakterlosen Wohntürmen, die wie Bambus nach dem Regen überall aus dem Boden schossen, schlicht eine Menge Vorteile bot. Entsprechend widerstanden immer mehr Besitzer den Verlockungen des Geldes, und so erstrecken sich im Westen der alten französischen Konzession noch immer zahlreiche Villenviertel mit faszinierenden alten Häusern.

Im Zentrum der ehemaligen französischen Konzession, an der Schnittstelle von Lilong- und Villenvierteln, breitet sich der Fuxing-Park aus, der bereits 1909 als französischer Park angelegt wurde. Er bildete das französische Pendant zum Huangpu-Park am Bund. Von der Huaihai Zhonglu führt die Yandang Lu direkt zu dieser Grünfläche. Sie wurde zu einer Fußgängerzone mit Geschäften, Cafés und Restaurants im Kolonialstil umgebaut und verleiht dieser raren Oase in der Stadt auf diese Weise zusätzliches Flair. So kann man sich an einem heißen Sommertag im Eiscafé »La Perla« abkühlen, bei »Da Marco« italienisch essen oder einfach nur einen Cappuccino trinken und den vorbeiflanierenden Menschen zusehen, bevor man gemütlich Richtung Park bummelt. Mitten darin stehen die Skulpturen von Karl Marx und Friedrich Engels, die sich vermutlich wundern, wie ihr Sozialismus im modernen China umgedeutet wurde. Zu ihren Füßen kann man oft Paaren bei Tanzübungen zusehen. Westlich der beiden passiert man am Westeingang den noblen Restau-

1 und 3 Abends ist das Viertel Xintiandi bunt erleuchtet.
2 Schach gehört zu den populärsten Spielen Chinas. Chinesisches Schach wird nicht auf den 64 Feldern gespielt, sondern auf den sie begrenzenden Linien. 4 Eine Verkäuferin demonstriert die Zubereitung von grünem Tee.

rantkomplex »Park 97«. Nicht weit von hier steht an der Gaolan Lu die interessante, 1934 erbaute russisch-orthodoxe St.-Nikolas-Kirche. Sie war eine Bastion der russischen Zuwanderer, die sehr zum Ärger der Franzosen nach der bolschewistischen Revolution nach Shanghai strömten. Anders als Amerikaner, Briten und Engländer scherten sie sich wenig um Rassentrennung und arbeiteten für Chinesen und Ausländer gleichermaßen. Für die Shanghailänder galten sie daher als Schandfleck. Nach 1949 diente die Kirche zunächst als Fabrik, dann als chinesisches und zuletzt als französisches Restaurant, bis sie 2005 an die russisch-orthodoxe Kirche zurückgegeben wurde.

Fluchtorte der Revolutionäre

In der Xiangshan Lu 7, der südlichen Parallelstraße zur Gaolan Lu, die man über die Sinan Lu erreicht, steht die ehemalige Residenz von Dr. Sun Yat-sen (Sun Zhongshan, 1866–1925), Chinas erstem und berühmtestem Berufsrevolutionär. Obwohl er zum »Vater der Nation« avancierte, der sowohl in China als auch in Taiwan verehrt wird, war Sun auf fast schon tragische Weise erfolglos. Rastlos zettelte er einen Aufstand nach dem anderen gegen den Kaiser an. Bei der echten Revolution von 1911 weilte er allerdings in den USA, und sein Amt als erster provisorischer Präsident verlor

er schon nach einem Monat an den kaiserlichen General Yuan Shikai. Seit 1894 wirkte er entweder im Untergrund, war auf der Flucht oder konspirativ im Ausland tätig. Dreimal stand er in Südchina einer Militärregierung vor (1916–18, 1920–22 und noch einmal 1923). Putschende Generäle zwangen ihn immer wieder zur Flucht, und jedesmal zog er sich in die Sicherheit der französischen Konzession Shanghais in sein Haus zurück, wo er schließlich mit seiner Frau Song Qingling bis zu seinem Tod 1925 lebte. Das interessante Wohnhaus ist mit der Originaleinrichtung ausgestattet und bietet Einblick in den Lebensstil dieser Zeit.

Etwas weiter südlich lebte und arbeitete zeitweise ein weiterer Revolutionär, und zwar Zhou Enlai (1898 bis 1976), die nach Mao Zedong prominenteste und charismatischste Führungspersönlichkeit der KPCh. 1922 war er in die Partei eingetreten, und schon 1924 bekleidete er hohe Ämter. Bei fast allen Aufständen und Aktionen war Zhou an vorderster Front dabei und gehörte zu den zentralen Organisatoren, die Shanghai am 27. 3. 1927 in einem groß angelegten Putsch nahezu vollständig unter ihre Kontrolle brachten. In der kurzen Zeit des Waffenstillstandes im Bürgerkrieg zwischen Kommunisten und Nationalisten im Jahr

1 Dr. Sun Yat-sens Name steht in China für die Revolution schlechthin. Der Arzt und Berufsrevolutionär wurde zur großen Integrationsfigur des Landes. **2** Die ehemalige Residenz von Dr. Sun Yat-sen ist heute ein Museum. **3 bis 5** Die Residenz des ehemaligen Ministerpräsidenten Zhou Enlai fungierte ab 1946 als geheime Kommandozentrale der KPCh in Shanghai.

1946 diente sein Haus als offizieller Sitz der KPCh. Zhou wurde 1949 Ministerpräsident und gehörte zu den wenigen Persönlichkeiten, die so mächtig waren, dass selbst die Kulturrevolution ihnen nichts anhaben konnte.

Zeitungsmacher und Künstler

In Blickweite der beiden Revolutionäre wohnte einer der großen Meinungsmacher der Stadt. Heute würde man ihn als Medienmogul bezeichnen. H. E. Morris besaß alle Eigenschaften, dieser Aufgabe gerecht zu werden. Er heiratete in den Shanghaier Geldadel ein, machte noch mehr Geld und gründete damit die »North China Daily News«, die größte und einflussreichste englischsprachige Zeitung Chinas. Sein Sohn kaufte Anfang der 1920er-Jahre das riesige Anwesen, auf das er gleich vier große Villen für seine Familie setzen ließ. Der Komplex des Ruijin Hotels, das heute hier steht, erkämpft sich zwar jeden Quadratmeter verfügbares Grün, aber die schmucken Villen sind noch erhalten geblieben. Während des Zweiten Weltkriegs wurde eine der Villen für das italienische Konsulat requiriert. Für kurze Zeit lebte der Sohn Mussolinis darin, der das Leben in Shanghai von Anbeginn hasste. Nach 1949 blieb nur ein Spross der Morris-Familie in Shanghai. Die Kommunisten ließen ihn auf seinem enteigneten Besitz leben, aber er musste ins Torhäuschen umziehen, wo er 1952 starb.

Die grandiosen Villen auf dem Areal sind ein schönes Beispiel für den extravaganten Lebensstil reicher Shanghailänder. Ein wenig kann man ihn heute selbst erleben, etwa wenn man sich in der 1930 erbauten Kolonialvilla an der Nordwestecke des Anwesens im »Face« (Ruijin Er Lu 118, Building 4) für einen Drink niederlässt oder die beiden ausgezeichneten Restaurants »Hazzara« oder »Lan Na Thai« im selben Gebäude aufsucht. Das »Hazzara« ist ein superbes indisches Restaurant mit aller kolonialen Extravaganz, während das »Lan Na Thai« thailändische Küche serviert. Um das koloniale Ambiente perfekt zu machen, breitet sich vor der Villa ein wie mit der Nagelschere geschnittener Rasen aus, perfekt für ein Krocketspiel. Rund 500 Meter südlich des Anwesens stößt man auf die Taikang Lu, die sich in den letzten Jahren zu einem kleinen, aber schmucken Künstlerviertel herausgewachsen hat. Das Zentrum wird vom Taikang Lu Art Centre gebildet, das ein wenig versteckt in einer Seitengasse mit der Nummer 210 steht. Hier gibt es zahlreiche Galerien, Künstlercafés und Geschäfte, dazu Designerläden und einige Media-Betriebe, während sich entlang der Taikang Lu hippe Läden, Kneipen oder Werkstätten aufreihen, etwa das Pottery Workhouse in der Hausnummer 220, das hochwertige Designerkeramik herstellt, ausstellt und verkauft, oder das Deke Erh Art Centre. Deke Erh ist Shanghais bekanntester Fotograf, der das Verschwinden des alten Shanghai, aber auch von kolonialen Stätten im übrigen China in faszinierenden Bildern festgehalten hat, die man in seiner weitläufigen Galerie bewundern kann.

1 Auf der Shanghaier Biennale bekommt man einen guten Eindruck von der zeitgenössischen Kunst Chinas. 2 Maos Porträt ist auch in der modernen Kunst ein beliebtes Motiv. 3 Besucher betrachten eine 25 Meter hohe Plakatwand mit tausend Porträtaufnahmen von Shanghai-Besuchern.

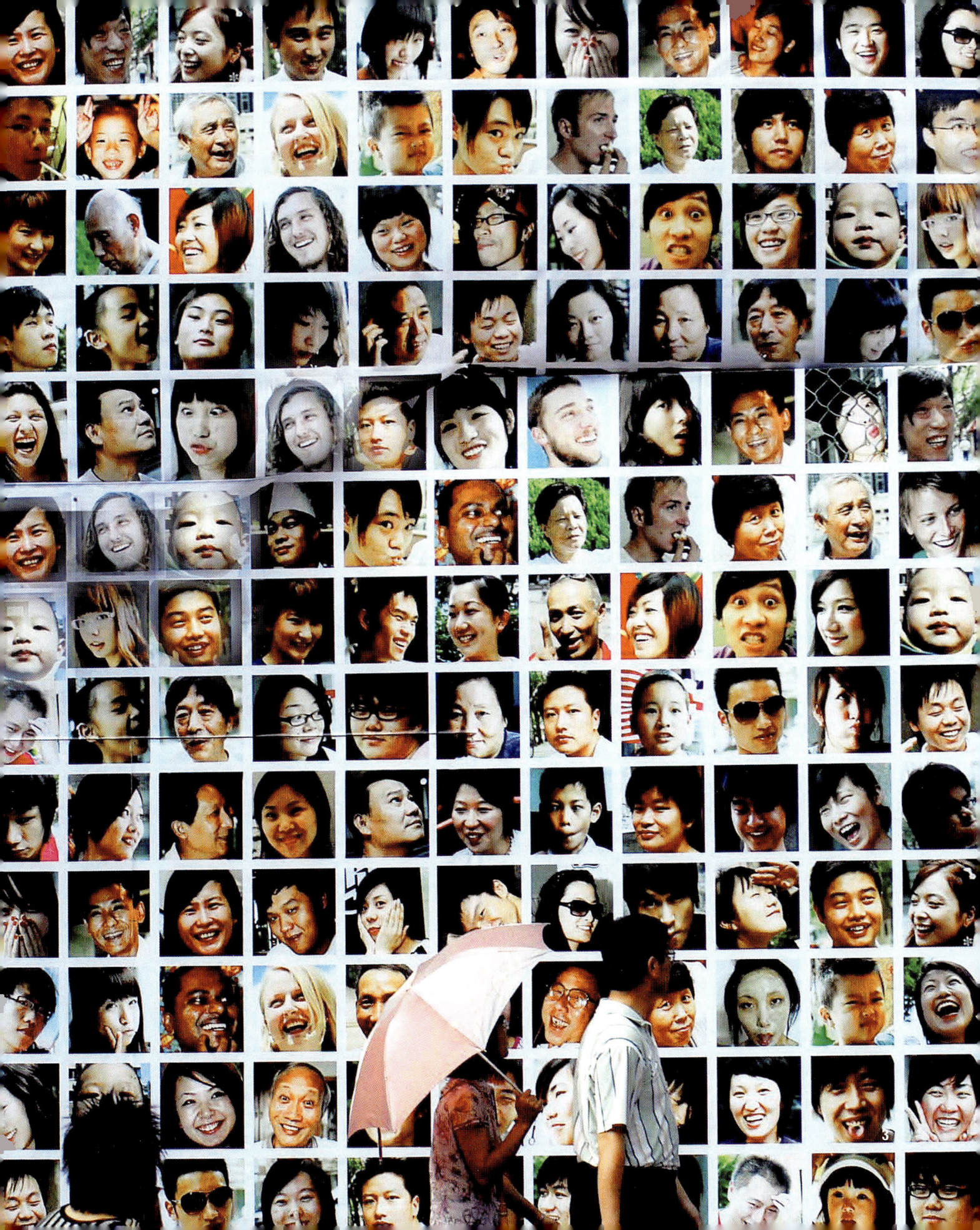

Wo die Szene zu Hause ist

In China heißt es im Volksmund: »Es gibt nichts, was die Kantonesen nicht essen, und es gibt nichts, was die Shanghaier nicht tragen.« Und so ist die liebste Freizeitbeschäftigung der Stadtbewohner das abendliche Shoppen in einem der unzähligen riesigen Shoppingcenter, in denen sich auf mehreren Etagen die Modeboutiquen stapeln.

Lifestyle und Nightlife

Die exklusivsten Boutiquen und die schicksten Einkaufszentren Shanghais reihen sich entlang der Huaihai Zhonglu und ihren Nebenstraßen auf. Praktisch, dass man das neue Outfit, ob schick oder hip, in den Szenevierteln gleich nebenan zeigen kann. Modebewusstsein hat in Shanghai Tradition. Schon kurz nachdem sich die ausländischen Mächte in Shanghai häuslich eingerichtet hatten, avancierte die Stadt zur Modemetropole Chinas. Die chinesische High Society liebte Partys, und noch mehr liebte sie es, sich für diese Partys zu kostümieren. Zum großen Hit der goldenen 1920er- und 1930er-Jahre wurde eine elegante, chinesisch inspirierte Mode. Besonders beliebt waren Variationen des traditionellen, figurbetonten »Qipao«, der auch unter dem Begriff »Cheongsam« bekannt war. Diese aus der Mandschurei stammende Kleiderform zeichnete sich durch einen hochgeschlossenen Kragen, eine Knopfreihe auf der rechten Schulter und

einen Schlitz auf beiden Seiten des Rockes aus und wurde bevorzugt aus kostbarer Seide gefertigt.

Eine Stadt sucht ihren Stil

Eine treibende Kraft hinter der modischen Staffage ist bis heute das sogenannte Gesicht, »Mianzi«, jener für Westler so schwer fassbare soziale Faktor, der jedem Chinesen in der hierarchisch gegliederten konfuzianischen Gesellschaft seinen festen Platz zuweist. Seinen sichtbaren Ausdruck findet das »Gesicht« nicht zuletzt in Form korrekter Kleidung. Allein schon zu zeigen, dass man am Erfolg dieser Stadt teilhat, war und ist von zentraler Bedeutung. Im alten Shanghai ging die Angst vor dem Gesichtsverlust sogar so weit, dass Menschen, die kaum genügend Geld hatten, um sich die nächste Mahlzeit zu leisten, dennoch stets

schick gekleidet auf die Straße gingen. Die Shanghaier nannten sie ironisch »Biesan«, Vagabunden im westlichen Anzug.

Die modernen Shanghaier kleiden sich international, alle gängigen Modemarken sind vertreten, und selbst Größen wie Karl Lagerfeld oder Louis Vuitton kommen mittlerweile regelmäßig als Gäste zur Shanghai Fashion Week, die jedes Jahr Ende Oktober bis Anfang November stattfindet. Allerdings – auch wenn sich

junge chinesische Büroangestellte jeden Morgen in ihre Businesskleidung werfen, so hat bei den Frauen, was die Abendgarderobe angeht, wie schon in den 1920er- und 1930er-Jahren wieder der chinesische Modeeinschlag seinen Weg in die Kleiderschränke gefunden. Vorreiter dieser Entwicklung ist Shanghai Tang, ein 1994 gegründetes Modehaus, das sich ganz dem chinesischen Chic verschrieben und dem Qipao zu neuer Blüte verholfen hat. Bis heute ist Shanghai Tang

1 und 4 DJs aus aller Welt haben das Nachtleben auf Weltstadtniveau gehoben und mischen an Wochenenden das Publikum auf. 2 Nach dem Shoppen kann man sich in einem Café ausruhen. 3 Modeschauen finden nicht mehr nur auf den Catwalks statt sondern werden als Events zelebriert. 5 Modeschauen sind aus dem Alltag der Stadt nicht mehr wegzudenken. Das Model zeigt die Entwürfe eines indischen Designers.

Unbarmherzig werden die traditionellen
Wohnungen von Hochhäusern verdrängt.

die wichtigste chinesische Luxusmarke und Vorreiter für chinesischen Lebensstil und chinesische Kreativität. Ziel ist es, chinesisches Design mit der Dynamik des 21. Jahrhunderts zu vereinen. Wer zum Beispiel die Filiale im Jinjiang Hotel, Shop E, Maoming Nanlu 59, besucht, kann sich selbst von der aufregenden Eleganz überzeugen.

Partyhotspot Maoming Nanlu

Die Maoming Nanlu (Maoming South Road) ist nicht nur ein Zentrum chinesischer Modeboutiquen, hier kann man das Erworbene auch gleich ausführen. Als beliebtes Restaurant- und Kneipenviertel bietet diese Straße die perfekte Umgebung sowohl für

die eher feine Garderobe als auch für hippes Outfit. Die Maoming Nanlu war der Wegbereiter für das Shanghaier Nachtleben. Spielten sich jegliche abendlichen Aktivitäten noch bis Anfang der 1990er-Jahre ausschließlich in langweiligen Hotelbars ab, die im zugigen Bereich zwischen Eingang und Rezeption angesiedelt waren, wagten sich in der Maoming Lu ab 1995 die ersten Kneipen in die Öffentlichkeit. »Judy's Too« in der Maoming Nanlu 176 ist der einzige übriggebliebene Trendsetter aus jener Pionierzeit und hat dennoch bis heute nichts von seinem Schwung verloren. Aus dem Stand heraus avancierte die Straße zur absoluten Szenemeile mit den üblichen Razzien, wenn die Polizei mal wieder der Meinung war, das bunte Treiben inklusive der zu jener Zeit munter in der Öffentlichkeit blühenden Prostitution ginge zu weit.

1 Tausende von Kneipen wetteifern um Kunden. Darum heißt es, um jeden Preis auffallen. Das grelle Ambiente in der TMSK Bar in Xintiandi wurde vom taiwanesischen Glaskünstler Yang Huishan entworfen. **2** Sehen und gesehen werden: Im Tea Room des japanischen Restaurants Shintori erfährt man die ultimativen Neuigkeiten der schicken Szene. **3** Das Zen ist eines der elegantesten Restaurants in Xintiandi und serviert kantonesische Küche.

Tatsächlich war die ehemalige Route Cardinal Mercier schon im alten Shanghai ein Zentrum des Nachtlebens. Der Erbauer des Jinjiang-Hotels, das damals noch unter dem Namen Cathay Mansions firmierte, war der jüdische Großkaufmann Ellice Victor Sassoon, die wohl schillerndste Persönlichkeit im alten Shanghai. Er hatte bereits das Sassoon House mit dem Cathay Hotel am Bund bauen lassen und war für sein exzentrisches Auftreten und seine legendären Partys berühmt. Insofern ist der Standort von Shanghai Tang geschickt gewählt, knüpft es doch an die alten Höhepunkte Shanghaier Haute Couture und Partyszene an. Einige Berühmtheit erlangten die Cathay Mansions im Jahr 1972, als hier Richard Nixon und Zhou Enlai zusammentrafen, um das Communiqué von Shanghai zu unterzeichnen, mit dem China erstmals seit 1949 wieder für den Westen geöffnet wurde. Nicht minder spektakulär ist das Bauwerk gegenüber. Vordergründig der hässliche Betonklotz des Okura Garden Hotel, prunkt es auf seiner Südseite mit dem herrlichen alten Gebäude des exklusiven Französischen Clubs aus dem Jahr 1926, der als Foyer des japanischen Nobelhotels dient. Dass auch die Franzosen zu feiern wussten, beweist der liebevoll restaurierte Ballsaal, dessen faszinierende gläserne Art-déco-Decke noch immer einen spektakulären Blickfang bildet. Bis 1924 stand hier übrigens der Deutsche Gartenclub aus dem Jahr 1904, der zu einer Zeit erbaut worden war, als diese Gegend noch am Stadtrand im Grünen lag. Nach 1919 fiel der Club als Reparationsentschädigung an Frankreich. Ab 1949 nutzte Mao das Gebäude als Residenz bei seinen Besuchen in Shanghai, bevor es schließlich von einer japanischen Hotelgruppe aufgekauft und zum Garden

1 In der ehemaligen französischen Konzession findet man dank vieler Cafés immer wieder Ruhepunkte vor der Hektik der Stadt. 2 Deutsche Brauhäuser wie das Paulaner sind »in«. 3 »Hooters makes you happy« heißt der Slogan der Kette auch in Shanghai. 4 Blick in eine Garküche.

Hotel ausgebaut wurde. Auch an der Straßenecke gegenüber wusste man sich zu zelebrieren. Hier in der Maoming Nanlu 57 an der Kreuzung mit der Changle Lu steht das Lanxin-Theater, vormals das Lyceum, in dem heute vorwiegend Popkonzerte stattfinden. Es war seinerzeit das erste europäische Theater der Stadt überhaupt und Sitz der Amateur Dramatic Society. Das jetzige Gebäude wurde 1931 errichtet und diente den großen Opernensembles, Balletttruppen, Orchestern und Zirkussen als Gastspielort. Mit dem Aufkommen des Films avancierte das Lyceum zusätzlich zum Kino und nahm auch in diesem Genre eine Vorreiterrolle ein.

Seine Eindrücke des alten Shanghai kann man zu guter Letzt in der Maoming Nanlu 112 bei einer Tasse Tee oder Kaffee sacken lassen. »1931« heißt die Bar, die gleichzeitig als Restaurant fungiert. Sie bietet Shang-

haier Nostalgie pur, inklusive Kellnerinnen, die im traditionellen Qipao gekleidet sind.

Alte Kirchen, schicke Villen

Folgt man der Changle Lu ein Stück nach Westen, erreicht man die Xiangyang Lu, die man ein Stück nach Süden bis zur Xinle Lu 55 läuft. Hier steht Shanghais zweite russische Kirche, und zwar die russisch-orthodoxe Missionskirche. Die blauen Zwiebeltürme scheinen so gar nicht ins Stadtbild zu passen. Seine Funktion als Kirche hat das Bauwerk schon lange verloren. Eine Zeit lang diente es als Filiale der Börse, in der viele Shanghaier ihre Freizeit beim Aktienhandel verbrachten. Später wechselten sich Diskos und Restaurants ab und heute residiert in dem herrlichen Ge-

bäude das »Grape«, ein Restaurant, das Shanghaier Küche vom Feinsten auf den Tisch bringt.

Wer abends im »Grape« gespeist hat, braucht für das After Dinner nicht weit zu laufen. Zwei Straßen weiter nördlich zieht sich die Julu Lu von Ost nach West. Im alten Shanghai hieß sie Rue Ratard und war Standort zahlreicher nobler Villen im Landhausstil. In ihnen findet man heute exklusive Restaurants und hippe Bars, die vor allem am späten Abend voll werden. Koloniales indochinesisches Flair bietet der Foreign Culture Club mit seinem exquisiten vietnamesischen Restaurant »Club Vietnam« in der Julu Lu 889, während man in der »Velvet Lounge«, Julu Lu 913, das perfekte

Eine Heimat für Künstler

Shanghai war bis ins 19. Jahrhundert hinein kulturell nahezu bedeutungslos und wenig attraktiv. Ungehobelte Seeleute genossen hier ihren Landgang, Seiden- und Baumwollmanufakturen beschäftigten unter katastrophalen Bedingungen Scharen im Elend lebender Arbeiter. Für Schöngeistiges schien in diesem von Geheimsekten und Verbrecherbanden unterwanderten rauen Milieu kein Platz. Die feine Kunst spielte sich in den gehobenen Zirkeln so distinguierter Städte wie Suzhou, Yangzhou oder auch Nanjing ab, die allesamt ihre goldenen Zeiten erlebten, in denen Musik, Literatur, Malerei, Gartengestaltung oder Architektur ihre eigenen Entwicklungen erfuhren.

Doch die einzigartige Situation Shanghais ab 1842 verhalf der Stadt zu einer kulturellen Blüte, die sie schließlich zum Kulturzentrum Chinas schlechthin machte. Hier wurden erstmals traditionelle Kunstformen, die die chinesische Kultur, ja selbst den Alltag zutiefst geprägt haben, verworfen. Man experimentierte mit der Übernahme westlicher Einflüsse, was nicht ohne Irrungen und Wirrungen vonstatten ging. Ein berühmter Künstler jener Zeit war Liu Haisu, den es schon 1910 nach Shanghai zog. Er hoffte darauf, sich hier mit westlicher Kunst befassen zu können; allerdings gab es keine Kunstschule. Liu Haisu ging einen typisch chinesischen Weg, er kaufte Kunstbücher mit Werken von Goya und Velázquez und kopierte sie. Enttäuscht von den geringen Möglichkeiten in der Stadt trieb er schließlich genügend Geld auf, um seine eigene Kunstschule zu eröffnen. 1919 ging daraus die erste moderne, nach westlichem Vorbild aufgebaute Akademie für Schöne Künste in China hervor. Heute ist dem großen Künstler im Stadtteil Hongqiao an der Hongqiao Lu 1660 das Liu Haisu Art Museum gewidmet, in dem auch ausländische Künstler in wechselnden Ausstellungen ihre Werke zeigen.

Der Ruf als Kulturzentrum Chinas hatte sich unter der Herrschaft Mao Zedongs verflüchtigt und verlagerte sich mit dem Wiederaufblühen der chinesischen Kunstszene in den 1980er-Jahren nach Peking, das heute das avantgardistischste und größte Kunstzentrum Chinas ist.

Aber auch die Shanghaier Künstler blieben in den letzten Jahren nicht untätig und etablierten seit Ende der 1990er-Jahre wieder eine rege Kunst- und Galerieszene. Das wohl bekannteste Künstlerquartier ist das M50, ein Kürzel für die Moganshan Lu 50, wo sich mehr als hundert Bildhauer/innen, Künstler/innen und Galerist/innen angesiedelt haben und mittlerweile das Epizentrum der Shanghaier Kunstwelt bilden. Das M50 war früher eine Textilfabrik am Wusong-Fluss, die eigentlich zum Abriss freigegeben war. Ende der 1990er-Jahre wurden die Lagerhäuser von Künstlern entdeckt und zu Ateliers und Galerien umgewandelt. Eher unerwartet gelang es ihnen, die Stadtregierung von Shanghai von ihrem Plan abzubringen, die Gebäude abzureißen. Nun kamen zu den Kreativen die Kunsthändler, die Galeristen, die Kuratoren, die Kaffeehausbetreiber und die Clubmanager, die das M50 in ein aufregendes Künstler- und Szeneviertel verwandelten. Galerien, die man keinesfalls verpassen sollte, sind ShanghArt, Eastlink, BizArt und Art Scene Warehouse. Ein weiteres Ereignis, das Shanghais Ruf als Metropole der Kunst festigen soll, ist die Shanghai Biennale, die 2008 vom 8. September bis zum 8. November stattfinden wird. Seit der ersten Veranstaltung dieser Art vor über zehn Jahren hat sich die Biennale als internationale Ausstellung für zeitgenössische Kunst einen Namen gemacht. 2006 nahmen immerhin fünf deutsche Künstler teil und trugen damit der wachsenden internationalen Bedeutung der Shanghaier Kunstszene Rechnung.

1 Der chinesische Künstler Ding Yi, der sein Atelier in der Moganshan Lu 50 hat, gehört zu den Shanghaier Künstlern, die auch international erfolgreich sind. 2 Die Galerie ShanghArt in der Moganshan Lu 50 gehört zu den erfolgreichsten und interessantesten Galerien der Stadt.

1

2

Ambiente für eine dekadente Soirée findet. Wer es einfacher mag, kann aber auch ins bodenständige »Flash Back«, Julu Lu 893, gehen, wo Liebhaber von 1970er-Jahre Rock auf ihre Kosten kommen. Dort, wo die Julu Lu auf die Shaanxi Nanlu trifft, gibt es einen besonderen Blickfang, die ehemalige Moller-Residenz. Das angrenzende Grundstück wurde zwar mit Häusern und Blocks im Pseudokolonialstil verschandelt, aber das faszinierende Anwesen in der Shaanxi Nanlu 30 steht bis heute. Erbaut wurde das Bauwerk 1936 in einem Mix aus neogotischen, barocken und allen möglichen anderen Baustilen. Heute bildet die ehemalige Residenz des Großreeders Moller das Zentrum des Hengshan Moller Villa Hotels. Von hier ist es übrigens nur noch ein kurzer Weg entlang der Yan'an Zhonglu bis zur Tongren Lu, der neuesten Szenemeile Shanghais mit so trendigen Hotspots wie dem »Blue Angel« in der Hausnummer 82, »M-Zone« in der Nummer 88 oder dem »Underlounge« in Nummer 60.

Im Viertel der Ruhe und des Friedens

Folgt man der Julu Lu oder Yan'an Zhonglu etwa 500 Meter nach Westen, stößt man auf eine Ansammlung moderner Hotels, die hier das Stadtbild beherrschen. Nichts weist mehr darauf hin, dass dies einmal das sogenannte Deutsche Eck war. Die 1919 enteigneten und aus China ausgewiesenen deutschen Kaufleute kamen ab 1923 wieder zurück. Diesmal aber nicht mehr als Kolonialherren, sondern als Gleichberechtigte, und so erlangten sie bei ihren chinesischen Partnern, die oft sogar die Geschäfte mit ihren alten Vorgesetzten weitergeführt hatten, schnell große Achtung. Außerhalb der Stadt wurde zunächst einmal nach einem neuen Standort für eine Kirche, eine Schule und Clubs gesucht. Dort, wo heute das Hilton und das Equatorial Hotel stehen, entstand ab 1929 schließlich

der neue Mittelpunkt der deutschen Kaufmannschaft in Shanghai. Übriggeblieben aus diese Zeit ist einzig das Huadong-Krankenhaus in der Yan'an Xilu 221, das im Jahr 1933 im Stil des deutschen Bauhauses errichtet worden war. Etwas östlich vor dem Krankenhaus steht auf der anderen Straßenseite der Kinderpalast der Stadt. Und einen Palast haben die Shanghaier Kinder wahrlich bekommen. In dem weitläufigen, weißen Bauwerk lebte die zweite der drei großen jüdischen Familien Shanghais, die Kadoories. Das unter dem Namen Marmorhalle bekannte Gebäude ist ein beeindruckendes Zeugnis dafür, mit welcher Extravaganz der Reichtum im alten Shanghai zur Schau gestellt wurde.

Das einzig wirklich Chinesische hier ist der Tempel der Ruhe und des Friedens (Jing'an Si), der diesem Stadtteil seinen Namen Jing'an verleiht. Der 247 gegründete buddhistische Tempel wurde 1216 an seine heutige Stelle an der Nordseite des Jing'an-Parks versetzt und zuletzt 2003 aufwendig restauriert. Nach einem alten Brunnen im Tempel wurde die Nanjing Xilu (Nanjing West Road) früher übrigens Bubbling Well Road genannt. Um den Komplex breitet sich ein lebhaftes Einkaufszentrum aus. Im Jing'an Si Plaza, einem großen, in die U-Bahn-Station integrierten, unterirdischen

1 Kunstvolle eiserne Weihrauchbehälter schmücken den Haupthof des Jing'an-Tempels. 2 Löwen gelten als Feind aller Dämonen und Beschützer vor Krankheit und Unglück. Entsprechend findet man sie vor allem vor Tempeln wie dem Jing'an-Tempel. 3 und 4 Der Jing'an-Tempel bildet heute das Herz des kommerziellen Viertels im Stadtteil Jing'an.

Einkaufskomplex vor dem Eingang des Tempels, findet man im Shop J104 übrigens das »Windows Too«, Shanghais erste Kneipe, die statt zu den sonst üblichen sündhaft teuren Preisen Drinks ab 10 Yuan verkaufte und noch immer verkauft und daher vor allem bei ei-

nem jüngeren Publikum sehr beliebt ist. Spaziert man die Nanjing Xilu ein Stück nach Osten, passiert man zunächst das mächtige Shanghai Center in der Nummer 1376 mit dem exklusiven Hotel Portman Ritz Carlton und das gleich gegenüber stehende, architektonisch interessante Shanghaier Ausstellungszentrum, das China in den 1950er-Jahren als Ausdruck der »ewig« währenden russisch-chinesischen Freundschaft von der UdSSR geschenkt bekommen hatte. Ebensowenig ewig wie die Freundschaft währte der Ruhm des Vorbesitzers dieses Areals, Silas Hardoon. Wie auch Ellice Victor Sassoon und die Kadoories war er einer jener legendären Juden, die in Shanghai ein märchenhaftes Vermögen anhäuften. Er hatte 1900 ohne einen Cent in der Tasche als Nachtwächter bei Sassoon angefangen und im Opiumhandel und im Immobiliengeschäft sein Vermögen gemacht. Auf dem Gelände des heutigen Ausstellungszentrums errichtete er seine außergewöhnliche Residenz, die von einer riesigen Parkanlage umgeben war. Lange nach seinem

Tod 1931 ging das Anwesen während der japanischen Besetzung Shanghais in Flammen auf.

Ein Stück weiter östlich gelangt man zum preisgekrönten Komplex des 2001 erbauten, eigenwilligen Plaza 66 in der Nanjing Xilu 1266. Mit einer Höhe von 288 Metern ist es das höchste Gebäude Shanghais außerhalb Pudongs. Die Gebäude wurden von den New Yorker Architekten Kohn Pedersen Fox (KPF) entworfen. In den ersten Etagen gibt es marmorne Shopping Malls mit exklusiven Boutiquen aller Modeschöpfer von Rang und Namen.

1 Die ehemalige Residenz des schwedischen Großreeders Moller ist selbst für Shanghaier Verhältnisse einzigartig. Die Legende erzählt übrigens, dass ein Wahrsager Moller riet, sein Haus nicht fertigzustellen, da ihm sonst Schlimmes widerfahren würde.   2 Der Ballsaal des Paramount in der Huashan Lu gehörte zu den Favoriten der tanzverliebten Shanghailänder.   3 Die ehemalige Residenz des Direktors der Municipalité dient heute als Museum of Arts and Crafts.   4 Renovierte Appartementhäuser in der Fuxing Lu. 5 Klassisch eingerichtetes Schlafzimmer in der ehemaligen Moller-Residenz, die heute als Hotel dient.

»... thees ees France«

Dort, wo heute der Verkehr über die Stadtautobahn Yan'an Lu tost, verlief bis 1941 die Grenze zur französischen Konzession. Noch bis zum Angriff Japans auf Pearl Harbour verweigerten die französischen Posten den japanischen Soldaten stolz die Durchfahrt durch ihr Territorium mit einem »Thank you, Monsieur, but thees ees France«, wie der amerikanische Chronist Bob Hekking in einer Anekdote festhielt. Heute steigt man am Jing'an-Tempel einfach in die neu eröffnete U-Bahn-Linie 7 und fährt eine Station bis Changshu Lu, um wieder tief in die ehemalige französische Konzession einzutauchen. Hier beginnt eines der interessantesten und vor allem auch atmosphärevollsten Szeneviertel der Stadt, in dem viele der alten, im europäischen Landhausstil errichteten Villen in edle Restaurants und Bars verwandelt wurden. Von der U-Bahn-Station aus läuft man die Baoqing Lu ein Stück nach Süden. Sie geht in die von Platanen gesäumte

1 Die Maoming Nanlu war ab 1995 Shanghais erste Straße mit einer »echten« Kneipenszene. 2 und 4 Von der Avenue Joffre, der heutigen Huaihai Lu, gehen noch immer zahlreiche in den 1920er-Jahren errichtete Wohngassen ab. 3 Die Platanen bestandene Fuxing Lu bietet mit ihren Villen aus der Zeit der französischen Konzession noch viel Flair.

Hengshan Lu über, eine der trendigsten Straßen Shanghais. Einen ersten Eindruck von der Noblesse dieses Viertels, das heute zum Stadtteil Xuhui gehört, bekommt man in der Dongping Lu, die von der Baoqing Lu abgeht.

In der Villa mit der Hausnummer 9 lebte Chinas Diktator Chiang Kai-shek mit seiner Frau Song Meiling. In der Villa gleich rechts wohnte sein Schwager und Finanzminister H. H. Kung mit seiner Frau Song Ailing und in der Villa links mit der Hausnummer 11 residierte T. V. Song (Song Ziwen), der ebenfalls zeitweise als Finanzminister amtierte. Heute befindet sich in der Villa das Restaurant »Sasha's«, das exquisite westliche Küche zubereitet. Die Song-Familie – die dritte Schwester Song Qingling war gegen den Willen ihrer Familie mit Dr. Sun Yat-sen verheiratet – war der reichste und mächtigste Clan Chinas. Der Vater Charlie Soong war Chinas erster Raubkopierer und hatte ein Vermögen mit illegal kopierten Bibeln gemacht. Kurz vor der Flucht nach Taiwan erleichterten die Songs das Land um die gesamten Goldreserven. Einzig Song Qingling (1890–1981) blieb in der Volksrepublik, – wo sie mit zahlreichen Ehrungen überhäuft – zwischen 1959 und 1975 stellvertretende Staatspräsidentin und danach bis zu ihrem Tod stellvertretende Parlamentspräsidentin wurde.

Ganz in der Nähe, in der Fenyang Lu 79, steht eines der extravagantesten Bauwerke der ehemaligen französischen Konzession. Die gewaltige, im Stil der französischen Renaissance erbaute Villa war die Residenz des Direktors der Municipalité, nach dem Generalkonsul einer der einflussreichsten Männer der Konzession. 1949 wurde das Gebäude von Chen Yi, dem ersten Bürgermeister der Stadt, konfisziert. Er muss sich hier sehr wohlgefühlt haben, da er Anfang der 1920er-Jahre vier Jahre in Paris gelebt und studiert hatte. Heute ist in dem herrlichen Gebäude das reizvolle Shanghai Museum of Arts and Craft untergebracht, das einen eindrucksvollen Abschluss eines Besuchs in diesem Stadtteil bildet.

Shanghai ganz neu

Für die Shanghaier ist die Seite jenseits
des Huangpu eine eigene, fremde Welt.
Man ist zwar stolz auf die himmel-
stürmende Skyline Pudongs, aber die
»echten« Shanghaier sind jene, die
innerhalb des inneren Stadtrings auf der
westlichen Seite des Flusses in Puxi
leben. Das wird sich ändern, denn hier
entsteht das neue Shanghai.

Das Finanzviertel Lujiazui hat eine der höchsten Wolkenkratzerdichten pro Quadratmeter weltweit. Die breiten Boulevards verlieren sich scheinbar am Horizont. Straßen, Wohnviertel und Parks sind neu, ja fast ein wenig steril und noch immer auf der Suche nach einem eigenständigen Stil und Flair. Keine Frage, Pudong ist etwas Eigenes, Neues und Werdendes, in dem die Zukunft für jeden Besucher sichtbar gestaltet wird.

Eine Stadt vom Reißbrett

Im Jahr 1990 – der Rest des Landes hatte bereits zwölf Jahre chaotischer Wirtschaftsentwicklung hinter sich – entsann man sich in Peking endlich des stürmischen Potenzials der bis dahin an der kurzen Leine gehaltenen Stadt Shanghai. An die Metropole selbst wagte man sich noch nicht so richtig ran, also wurde am 18. April 1990 auf der Ostseite des Huangpu der bis dato unbedeutende Stadtteil Pudong offiziell zur Wirtschaftssonderzone gekürt. Damit sollte wiederholt werden, was bereits 1842 mit der Gründung der Kon-

zessionen geklappt hatte, nämlich die Neuerschaffung einer Stadt. Die Niederschlagung der Demokratiebewegung am 4. Juni 1989 hatte China allerdings international isoliert und seine Entwicklung gelähmt. Damit blieb Pudong erst einmal das, was es war, eine Ansammlung von Reisfeldern, die mit einzelnen Dörfern und Wohnblocks gesprenkelt waren.

1991 bekam der italo-britische Architekt Richard Rogers, legendärer (Mit-)Erbauer des Centre Pompidou in Paris und des Londoner Lloyds Building, zusammen mit fünf weiteren Architektenteams den Auftrag, das neue Zentrum Pudongs, Lujiazui, zu planen. Der brillante und unkonventionelle Architekt wollte der hemmungslosen und auch zerstörerischen Dynamik Chinas ein Konzept der Bewahrung seiner alten kulturellen Werte entgegenstellen. Er versuchte, seinen Shanghaier Auftraggebern das Konzept einer »nachhaltigen Stadt« nahezubringen. Zugrunde legte er das Modell einer klassischen europäischen Stadt mit ihrer Abwechslung und Vielfalt des urbanen Lebens. Museen und Bars, religiöse Stätten und Kramläden sollten hier ebenso ihren Platz haben wie große Parks und Wolkenkratzer.

Seine Auftraggeber machten es Rogers nicht eben leicht, denn in ihrem Wunsch nach »Fortschrittlichkeit« peilten die Stadtväter genau das an, was für die meisten europäischen Stadtplaner eine Horrorvision darstellt. Der 1991 ergangene Auftrag, eine zweite City für Shanghai zu planen, berücksichtigte nämlich gerade nicht die kulturelle und gewerbliche Vielfalt der alten Stadt. Der neue Distrikt war für internationale Büronutzer gedacht und ganz auf das Auto ausgerichtet. Die Wohnsilos sollten an die Peripherie verbannt werden.

Richard Rogers faszinierende, humanistisch orientierte Vision einer vom Menschen bewältigten Entwicklung einer modernen Großmetropole wurde ebenso wie die Planungen der anderen Architekten Perrault, Fuksas und Ito nur in kleinen Teilen berücksichtigt. Stattdessen entwarfen chinesische Ingenieure weitläufige Viertel mit freistehenden, durch Autobahnen getrennten einzelnen Wolkenkratzern – für sie der Inbegriff der modernen Stadt, sozial und ökologisch jedoch in jeder Hinsicht untragbar. Wegen der zu erwartenden Verkehrsstoßzeiten planten sie mächtige Straßensysteme – manchmal zwei- und dreigeschossig – und ein

1 Abendliche Kulisse von Pudong. 2 Die gläsernen Kugeln des International Convention Centre greifen das Perlenmotiv des Fernsehturms auf. 3 Pudongs Wolkenkratzer sind der Stolz der Stadt. 4 Shanghais Börse soll eine zeitgenössische Reflexion des Börsenhandels darstellen.

1 Das Jinmao Building glänzt mit traditioneller Symbolik. Sie symbolisiert eine Pagode, deren Standort für gutes Fengshui sorgen soll. 2 Noch bis 2007 war das Jinmao Building der höchste Wolkenkratzer der Stadt. Nun hat ihn das 492 Meter hohe World Financial Center überholt. 3 Der Drache steht in China für Macht und Aufschwung. 4 Die Skulptur »Licht des Ostens« am Century Boulevard.

Netzwerk von Brücken und Unterführungen für Fußgänger. Die bekamen beispielsweise den Bund Sightseeing Tunnel, der vom Bund auf Höhe des Peace Hotels hinüber nach Pudong zum großen Shanghai Ocean Aquarium neben dem Fernsehturm führt. Den Tunnel passiert man allerdings nicht zu Fuß, sondern mit einer kleinen Bahn, untermalt von psychedelischer Musik und grellen Lichteffekten.

So vorherrschend waren die Straßen, dass kaum ein Drittel des Geländes für Gebäude übrigblieb. Immerhin haben es die Brücken nach Pudong in den Rang von Sehenswürdigkeiten geschafft. Die Nanpu-Brücke südlich vom Bund bringt es, obwohl in der Innenstadt beginnend, auf eine Gesamtlänge von 8346 Metern. Das Kernstück über den Huangpu ist 423 Meter lang

und führt in 46 Metern Höhe über den Fluss, sodass auch große Ozeandampfer durchfahren können. Da für die erforderliche Länge der Auffahrt in der Stadt eigentlich kein Platz vorhanden war, verfielen die Statiker auf einen Trick. Sie bauten eine 3754 Meter lange Rampe, die in ästhetischen Spiralen nach oben führt, während Fußgänger per Fahrstuhl auf die Brücke befördert werden.

Die Perle des Orients

Anfangs stellten sich selbst die meisten Shanghaier die Frage, ob das synthetische Zukunftszentrum Pudong wirklich wie geplant binnen Kurzem eine herausragende Bedeutung zu gewinnen vermochte. Um für den Anfang zumindest optisch eine Veränderung zu erwirken, wurde 1992 mit dem Bau eines Fernsehturms begonnen. Das Datum für den Baubeginn war klug gewählt worden. Deng Xiaoping hatte seine berühmt gewordene Südreise angetreten, mit der er die

zum Erliegen gekommenen Wirtschaftsreformen wieder in Gang bringen und die Gegner der Reformen ins Abseits drängen wollte. 1994, nach nur zwei Jahren Bauzeit, war der 468 Meter hohe Turm fertig und konnte 1995 in Betrieb genommen werden. Das klobige und nicht wirklich schön zu nennende Bauwerk wurde stolz auf den Namen »Perle des Orients« getauft. Das Design war von einem Gedicht des berühmten Dichters Bai Juyi (772–846) inspiriert, in dem er den Klang der »Pipa«, eines chinesischen Saiteninstruments, mit großen und kleinen Perlen verglich. Die Perlen sind die elf großen und kleinen Kugeln, in denen Aussichtsplattformen, Vergnügungszentren, Restaurants und das exzellente Shanghaier Museum für Stadtgeschichte untergebracht sind. Den Schwerpunkt dieses Museums bildet die Geschichte Shanghais von 1860 bis 1949, die in nachgebauten Straßenzügen und spannenden Exponaten aus jener Zeit lebendig wird. Am 7. Juli 2007 diente der Turm als einer von elf internationalen Veranstaltungsorten der weltweit im Fernsehen übertragenen Live-Earth-Konzerte. Initiiert von

Al Gore und Kevin Wall, spielten bei diesem Großereignis, das das Bewusstsein für den Klimawandel schärfen sollte, 150 Bands. Der Shanghaier Austragungsort war geschickt ausgesucht. Die Tage, an denen man von den Aussichtsplattformen einen freien Blick über die Stadt genießt, sind mit dem rasanten Wachstum Pudongs selten geworden.

Finanzviertel Lujiazui

Klima- oder soziale Probleme interessierten die Stadtväter zu Beginn nicht. 1993 wurde eine effiziente Stadtverwaltung für Pudong geschaffen, die sofort die Weichen für den kometenhaften Aufstieg des Areals zum mächtigsten Finanz- und Wirtschaftstandort Chinas stellte. Seitdem weist er jährliche Wachstumsraten von 20 Prozent auf.
Dabei hatten sich die Stadtväter ursprünglich eigentlich folgendes Szenario ausgedacht: Der Bund sollte die neue »alte« Geldmeile der Stadt werden und der

Stadt dadurch wieder internationales Ansehen verleihen. Mitte der 1990er-Jahre wurde daher das Immobilienunternehmen Brooke Hillier Parker Ltd. beauftragt, die Gebäude am Bund zu schätzen. Der Hintergrund: Man wollte sie an die 1949 enteigneten Banken zurückverkaufen. Die meisten Banken lehnten allerdings ab. Selbst die Hongkong and Shanghai Bank wollte ihr altes Flaggschiff nicht wiederhaben, da sie keine Genehmigung bekam, einen Wolkenkratzer als neues Verwaltungsgebäude hinter das unter Denkmalschutz stehende Gebäude zu stellen.

Als der Staatsrat in Peking 2005 die Position des knapp 32 Quadratkilometer großen Finanzdistrikts und neuen Zentrums von Pudong, Lujiazui, als einzige kombinierte Finanz- und Wirtschaftszone unter allen Sonderwirtschaftszonen des Landes noch einmal bestätigte, hatten die chinesischen und internationalen Banken und Finanzunternehmen bereits Fakten geschaffen. Über 50 Prozent der Büroflächen in Lujiazui

1 Die an traditionelle chinesische Pfahlbauten angelehnten Quartiere der Rennteams im Fahrerlager der neu gebauten Formel-1-Rennstrecke. 2 Aufschwung, Wirtschaftswachstum, Wohlstand: Der Blick der Skulptur in Pudong zeigt, wo es lang geht. 3 Hier in der Shanghaier Börse schlägt das monetäre Herz Chinas. 4 Trotz des Börsencrash Anfang 2008 herrscht bei den Investoren Optimismus.

werden von ihnen belegt. Ihre Büros sind in Dutzenden von Wolkenkratzern wie dem 421 Meter hohen Jinmao Tower, dem japanischen Hightech-Tower Senmao Building und seit Neuestem dem 492 Meter hohen Shanghai World Financial Center untergebracht – sie alle Symbole und Bastionen der internationalen Finanzströme.

Auch in Sachen Performance ist Shanghai absolute Weltspitze. Im vergangenen Jahr hatte der Shanghai Composite Index 130 Prozent zugelegt. Und nach kurzen Irritationen im Frühjahr und im Sommer 2007 sieht es auch für 2008 nach einer Verdoppelung aus. Stand der Index zu Jahresbeginn noch bei 3000 Punkten, notiert er inzwischen bei 5600 Zählern.

Im Reich der Mitte werden weiterhin Börsenträume wahr. An der 1990 gegründeten Shanghaier Börse in der Pudong Nanlu 528, die architektonisch als überdimensionaler Triumphbogen gestaltet wurde, überbieten sich die Milliarden-Börsengänge, und die gehen mittlerweile auch an der wichtigsten chinesischen Festland-Börse Shanghai in Serie. Die mit Spannung erwartete Börseneinführung der China Construction Bank (CCB) hatte Zeichnern einen Startgewinn von 32 Prozent beschert. Allerdings ist dieser Kurszuwachs im Vergleich zu den vorherigen Börsengängen von Banken in Shanghai noch vergleichsweise moderat. Zuvor hatten sich die Aktien der Branchenrivalen Citic Bank oder Bank of Nanjing an ihrem ersten Handelstag glatt verdoppelt. Dennoch wurde die CCB mit einer Marktkapitalisierung von umgerechnet 188 Milliarden Dollar gemessen am Börsenwert mit einem Schlag zur Nummer zwei in der Bankenbranche weltweit. An Platz Nummer eins steht mit der Industrial and Commercial Bank of China (ICBC) ebenfalls ein chinesisches Institut.

Verschlungen war das Schicksal des Shanghai World Financial Center. Es sollte Ausdruck dafür sein, dass der Macht des Geldes in China keine Grenzen gesetzt

sind. Die Planung begann bereits 1997, aber Korruptionsaffären, Fehlplanungen und fehlende Mittel führten dazu, dass die Baustelle fünf Jahre lang brachlag. Dann kam der bittere Nadelstich aus Taiwan, das in Taipei ein 508 Meter hohes Finanzzentrum realisierte. 2004 wurden die Bauarbeiten wieder aufgenommen und 2008 ist das 101 Stockwerke umfassende, 492 Meter hohe Gebäude, das ein wenig an einen überdimensionalen Flaschenöffner erinnert, endgültig fertig. In

Formel 1 in Shanghai

Seit 1998 hat sich China darum bemüht, Ausrichter der prestigeträchtigen Formel 1 zu werden. Das Hauptproblem für die Chinesen bestand darin, dass die Welt keinen neuen Formel-1-Parcours benötigte, da die Zahl der Rennen auf 18 pro Jahr beschränkt ist. Wenn also eine Strecke gebaut wird, muss irgendwo anders in der Welt eine Rennstrecke aus dem Wettbewerb ausscheiden. Allerdings hat der Formel-1-Zirkus auch nichts mit Philanthropie zu tun und wird dort gefahren, wo man neue Märkte für den Autokauf erschließen oder durch Werbung noch mehr Geld verdienen kann. Die Formel-1-Welt schafft Bedürfnisse nach fahrbaren Untersätzen, und China ist der größte potenzielle Automarkt der Welt. Als Formel-1-Boss Bernie Ecclestone im Oktober 2003 in Shanghai endlich den Grundstein für die lang erwartete neue Strecke legte, verkündete er, dass die Freude am Motorsport von nun an auch in China die Menschen erfassen möge. Im selben Jahr sollten die Chinesen zum ersten Mal mehr als eine Million Autos kaufen. Weil bislang erst einer von 80 Chinesen ein Auto besitzt, wird sich wohl auch in China entscheiden, wer weltweit ein erfolgreicher Autobauer bleiben wird.

Entworfen und gebaut wurde der Parcours vom Rennstrecken-Architekten Hermann Tilke, der in Shanghai die größte, 200 000 Zuschauer fassende Rennstrecke Asiens schuf. Weil das ausgewählte Areal mitten in einem Sumpfgebiet des Yangzi-Deltas liegt, musste die Strecke auf Pfählen gebaut werden, die bis zu 60 Meter tief in die weiche Erde gerammt wurden, damit weder die Strecke noch die Boxengebäude, weder die Tribüne noch der Kontrollturm im Morast versinken. Dann wurde alles mit einer meterdicken Schicht aus 343 000 Kubikmetern Styropor und – um das erforderliche ausgeklügelte Profil von Steigungen und Gefälle zu schaffen – schließlich mit 1,1 Millionen Kubikmetern Erde aufgefüllt. In nur 18 Monaten konnte die 450 Millionen Dollar teure Strecke von 3000 Bauarbeitern fertiggestellt werden. Natürlich gab es auch den obligaten Korruptionsfall und im Oktober 2007 wurde der Manager der Strecke, Yu Zhifei, verhaftet. Er galt als chinesischer Macher und Symbol des neuen Shanghai, für das kein Projekt zu groß ist: ein Geschäftsmann, Freund wichtiger Politiker, Fan schneller Autos und Parteimitglied. Ihm ist es zu verdanken, dass die Formel-1-Rennen seit 2004 tatsächlich in der Küstenmetropole ausgetragen werden. Nun ist er angeklagt worden, etwa 40 Millionen Dollar unterschlagen zu haben, und steht zusammen mit diversen Politikern der Stadt vor Gericht.

Der in der Nähe der VW-Stadt Anting im Stadtbezirk Jiading – ein Schelm, wer Böses dabei denkt – liegende Kurs ist 5,451 Kilometer lang und wird im Uhrzeigersinn durch jeweils sieben Rechts- und Linkskurven gefahren. Die gesamte Streckenführung ist dem chinesischen Schriftzeichen *shang* nachempfunden, was so viel wie »aufwärts« oder »oben« bedeutet und Teil des Namens Shanghai ist. Auch die Architektur an der ultramodernen Piste nimmt traditionelle chinesische Motive auf, so etwa die Teamgebäude, die wie Pavillons in einem See angeordnet sind und an den Yuyan-Garten in Shanghai erinnern sollen. Außerhalb der Rennen, die meist im Oktober stattfinden, kann man hier Rennwagen mieten und nach einer Eignungsprüfung die Strecke entlangbrausen. Von Shanghai fährt man am einfachsten mit einem Taxi direkt zum Parcours oder man nimmt Bus 6B von der Ostseite des Shanghai Stadium an der gleichnamigen U-Bahn-Station nach Anting und benutzt von dort ein Taxi für den Rest der Strecke. An offiziellen Renntagen fahren von zahlreichen Punkten der Stadt auch Shuttlebusse.

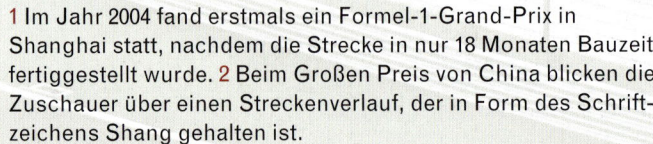

1 Im Jahr 2004 fand erstmals ein Formel-1-Grand-Prix in Shanghai statt, nachdem die Strecke in nur 18 Monaten Bauzeit fertiggestellt wurde. 2 Beim Großen Preis von China blicken die Zuschauer über einen Streckenverlauf, der in Form des Schriftzeichens Shang gehalten ist.

1

2

der hundertsten Etage – 472 Meter über dem Boden – befindet sich übrigens eine spektakuläre Aussichtsplattform.

Traditionelle Residenzen und Tempel

Im Schatten der allgegenwärtigen Wolkenkratzer Pudongs gibt es, man glaubt es kaum, tatsächlich auch noch Altes. Auf der großen, grünen Freifläche, dort wo der Century Boulevard beginnt, breiten sich – stets von Hochzeitspaaren umlagert, die sich hier fotografieren lassen – die im traditionellen chinesischen Baustil errichteten Hallen des Lujiazui Development Showroom aus. Ursprünglich handelte es sich um die 1917 erbaute Privatresidenz eines reichen Kaufmanns mit Namen Chen Guichun. Das Gesamtareal seiner Residenz umfasste 3000 Quadratmeter, die bebaute

Fläche 2765 Quadratmeter. Damit war Chens Residenz eines der größten Privathäuser Shanghais. Heute gibt es in den Hallen Ausstellungen zur Vergangenheit, Gegenwart und Zukunft Lujiazuis. Eine andere, ähnlich gebaute Villa findet man in der Shangcheng Lu 676. Sie gehörte einem chinesischen Arzt und Chirurgen, der über 3000 Bücher und Dokumente zur traditionellen chinesischen Medizin gesammelt und katalogisiert hat. Seine Residenz mutet gegen die von Chen Guichun klein an und umfasste »nur« 1000 Quadratmeter, die heute vom »Shanghai Old House Restaurant« genutzt werden.

Ganz in der Nähe der ehemaligen Residenz von Chen Guichun kann man in der Pudong Dadao 9 dem Shanghai Bank Museum einen Besuch abstatten. Eigentlich erwartet man ja in Chinas größtem Finanzdistrikt so ein Museum nicht, und die interessante Ausstellung in der siebten Etage des Century Financial Mansion lohnt tatsächlich einen Besuch. Auf 1300

Quadratmetern vermitteln über 2000 Exponate einen interessanten Eindruck von der Entwicklung des chinesischen Geldwesens. So kannte man in China beispielsweise schon im 9. Jahrhundert Wechsel, die die alten Bankiers als »Fliegendes Geld« bezeichneten, und 1024 wurden erstmals Banknoten eingeführt. Allerdings machten die Chinesen schon kurze Zeit später erste Erfahrungen mit der Inflation.

Einen etwas größeren, aber lohnenden Abstecher kann man von der U-Bahn-Station Dongfang Lu machen. Man läuft etwa 500 Meter die Zhangyang Lu nach Osten und erreicht an der Kreuzung mit der Yuanshen Lu Shanghais größten daoistischen Tempel Qinciyang Dian. Laut einer Legende wurde er zwischen 222 und 252 von Sun Quan, dem Herrscher über das Königreich Wu, das von 222 bis 280 bestand, für seine Mutter errichtet. Um 1770 wurde der Tempel auf seine heutige Größe erweitert. Das schmucke Bauwerk füllt sich vor allem an den traditionellen chinesischen Feiertagen mit zahllosen Besuchern.

1 Der Pandabär darf auf keiner chinesischen Kunstschau fehlen. 2 Die aus Pflanzen gestaltete Skulpturengruppe »Beauty oft the Lane« im Century Park bietet Abwechslung von Pudongs Appartementblocks. 3 und 4 Neu angelegte Allee und für das Frühlingsfest geschmückte Bäume in Pudong.

Kunst am Century Boulevard

Von Lujiazui aus hat sich Pudong in den letzten Jahren entlang des breiten Century Boulevard (Shiji Dadao) bis weit nach Osten ausgedehnt. Hier ist alles riesig oder breit. Die Straßen, die Einkaufszentren wie das gewaltige Yaohan, die Parks und die Restaurants. So viel Höhe macht hungrig, dachten sich die Stadtplaner wohl. Und getreu der Shanghaier Devise »Größer, höher, schneller« wurde am Beginn des Century Boulevard zu Füßen des Fernsehturms das Lujiazui Food Center gebaut. Es erstreckt sich über eine Fläche von 60 000 Quadratmetern und bietet auf 24 000 Quadratmetern Restaurants und Vergnügungsstätten. Damit ist es die größte Essensmeile Shanghais. Zumindest kann man sich hier hervorragend stärken, bevor man den Centruy Boulevard, der auch als Kunst- und Kulturmeile fungiert, in Angriff nimmt. Die Gestaltung des Prachtboulevards lag in den Händen des französischen Architekten Jean-Marie Charpentier, der zuvor schon die Nanjing Donglu zur Fußgängerzone umgewandelt hatte. Die Gesamtlänge des Boulevards beträgt fünf Kilometer und die durchschnittliche Breite hundert Meter. Die Nordseite der gesamten Strecke wird von acht Botanischen Gärten gesäumt, die jeweils nach bekannten chinesischen Bäumen wie der Weide, Kirsche, Magnolie, Kamelie und anderen benannt wurden. Unterbrochen wird der Streckenverlauf von diversen Skulpturen, die dem Thema Zeit gewidmet sind. An der Kreuzung mit der Laoshan Xilu ragt die Skulpturengruppe »The Time of the Century«, eine Gemeinschaftsarbeit des berühmten Shanghaier Künstlers Chen Yifei und der Chinese Fine Arts Academy, mit ihren neun Säulen in die Höhe. Die einzelnen Säulen tragen Namen wie Mond-, Erdstamm-, Jahres-, Jahrzehnt- und Jahrhundert-Säule und sie sollen eine Übertragung antiker chinesischer Zeitvorstellungen in eine moderne Zeichensprache darstellen. Tatsächlich handelt es sich auch um richtige Sanduhren, deren Sand, wenn er durchgelaufen ist, wieder nach oben gepumpt wird. Eine andere Skulpturengruppe heißt »Die fünf Elemente« und wurde ebenfalls von Chen Yifei entworfen. Die einzelnen Kunstwerke stellen die chinesischen Elemente und Wandlungsphasen Metall, Holz, Wasser, Feuer und Erde dar, deren Interaktion alles schafft und wieder vergehen lässt.

Die aufwendigste Skulptur prunkt kurz vor dem Century Park inmitten des Kreisverkehrs. Sie heißt »Licht des Ostens« und erinnert auf den ersten Blick an eine vom Himmel gefallene Satellitenantenne. Tatsächlich stellt das gewaltige Werk eine Sonnenuhr dar, wobei das Ziffernblatt die Erde und der Mittelpunkt, durch den der Zeiger verläuft, China symbolisiert. Die Idee zu diesem Kunstwerk stammte noch von Charpentier, die Umsetzung übernahm der junge chinesische Künstler Zhong Song (geb. 1974) aus Peking.

1 Vom Baustellenfahrstuhl des World Financial Center blickt man nicht nur auf das Jinmao Building hinunter, sondern genießt einen spektakulären Blick über Shanghai. 2 Pudongs Flughafen ist einer abfliegenden Seemöve nachempfunden. 3 und 4 Licht wohin man blickt. Das neue Oriental Art Center gehört zu den modernsten Theater- und Kulturzentren Chinas. 5 Die Rezeption des Pudong-Shangri-la ist pure Eleganz.

Kulturzentren der Superlative

Mit dem Century-Park (Shiji Gongyuan) wurde immerhin Richard Rogers Idee eines Art Central Parks wie in New York aufgegriffen. Um diesen Park herum sollten sich eigentlich analog zahlreiche Wolkenkratzer gruppieren, aber in Shanghai entschied man sich für den Bau zweier außergewöhnlicher kultureller Einrichtungen, die nun einen würdigen Rahmen an der Nordflanke des gigantischen Parks bilden. Direkt an der U-Bahn-Station Shanghai Kejiguan steht zunächst das spektakuläre Shanghai Science and Technology Museum. Mit seinen vier großen Theatern Imax 3D, Imax Dome, Iworks 4D und Space Theatre bildet es ein Hightech-Museum erster Klasse mit festen und wechselnden Ausstellungen zu zahlreichen Aspekten von Technik, Wissenschaft und Natur.

Schräg gegenüber steht ein weiterer architektonischer und auch kultureller Höhepunkt Pudongs, und zwar das Oriental Art Center in der Dingxiang Lu 425. Entworfen wurde das auffällige Bauwerk von Paul Andreu, der auch schon den futuristischen Flughafen von Pudong gebaut hatte. Shanghais größtes Kunst- und Kulturzentrum mit einem Theater mit 1000 Sitzen und einer Konzerthalle mit fast 2000 Plätzen symbolisiert eine fünfblättrige Orchidee, die außen vollständig von hellem und transparentem Glas eingefasst ist. Paul Andreu wollte damit den Effekt eines Lichterpalastes am Abend erschaffen und so diesem Stadtteil seine Signatur verleihen.

1, 4 und 5 Natur, Mensch und Wissenschaft sind die zentralen Themen des Shanghai Science and Technology Museum, das über 98 000 Quadratmeter Ausstellungsfläche verfügt. Kenneth E. Behring ein kalifornischer Philantrop und Vorsitzender der World Wheelchair Foundation stiftete eine Spinnenausstellung. 2 und 3 Paul Andreu gehört zu den prägenden Architekten in der Sonderentwicklungszone Pudong. Nach Fertigstellung des Oriental Art Center 2004 baute er noch das Nationaltheater in Peking.

Shanghaier Fluchtpunkte

Dichter wohnten hier, mehr schlecht als recht, aber Shanghai war in der ersten Hälfte des 20. Jahrhunderts einfach so aufregend, dass jeder hier leben wollte. Manchen bot die Stadt einen sicheren Hafen, und so entstand Shanghais jüdisches Viertel im Norden. Und sogar Reste des alten China haben an den Rändern der Stadt überdauert.

Freizeit zwischen Arbeit und Kommerz

Allmählich erinnerten sich die Stadtväter wieder an das kulturelle Erbe und die Einmaligkeit ihrer Metropole und würdigten, was davon noch übrig geblieben war. Parks wurden nach Dichtern benannt, aufschlussreiche Museen entstanden, Kunstaufträge und restaurierte Villen erinnern an Shanghais große Zeit und festigen seinen Ruf als spannender kultureller Mittelpunkt. Eine Labsal für die Bewohner, wenn sie sich einmal vom schnellen Geld und der Hektik einer Millionenstadt erholen möchten.

Duolun Lu – Straße der Dichter

Wer Harry Potter gelesen hat, kennt ihn, den kleinen Raum unter der Treppe, den man durchaus zu einem Zimmer herrichten kann. Was in Harry Potters Fall als Schikane gedacht war, gehörte im alten Shanghai zum Standard. In den alten, zweistöckigen Lilong-Häusern gab es stets einen kleinen Raum in der Treppenbiegung nach oben, der immer nach Norden zeigte. Im Winter waren diese »Tingzijian« genannten, winzigen Kammern eisig kalt und im Sommer brütend heiß. Dennoch, die Wohnungsnot und die hohen Mieten ermöglichten es, dass Hauseigentümer diese Nischen vermieten konnten. Zwischen 1910 und 1930 dienten sie als Behausungen so berühmter Schriftsteller wie Lu Xun, Cai Yuanpei, Guo Moruo, Mao Dun, Ba Jin, Ding Ling und Feng Zikai, die nach Shanghai gingen, weil es die revolutionärste, kreativste und aufregendste Stadt war, die sich ein Autor nur wünschen konnte. Die Zimmerchen waren primitiv, und dennoch entstanden hier einige ihrer berühmtesten Werke. Die Literatur dieser Zeit wird daher bis heute als Tingzijian-Literatur bezeichnet. 1998 entschloss sich die Stadtverwaltung, ihren großen Literaten eine »Kultur-

1 In einem Souvenirgeschäft in Zhouzhuang werden bunte chinesische Papierschirme verkauft. 2 Die Ohel-Moishe-Synagoge war das Zentrum der jüdischen Flüchtlinge in Hongkou.
3 Im ehemaligen jüdischen Ghetto Hongkou sollen zahlreiche alte Gebäude erhalten und restauriert werden. 4 Schmückendes Steinrelief an einer Wand im Jade-Buddha-Tempel.

straße« zu widmen. Die meisten von ihnen hatten im Norden Shanghais im Bezirk Hongkou im Einzugsbereich von Sichuan und Baoshan Lu gelebt und gearbeitet, und so wurde die zwischen diesen beiden Magistralen verlaufende Duolun Lu zur Fußgängerzone

umgewandelt. Skulpturen der Schriftsteller und Infotafeln informieren entlang des gesamten Weges über Leben und Werk der Künstler.

Die Duolun Lu lohnt auch sonst einen Abstecher, ist sie doch immer noch ein kleines Kultur- und Literaturzentrum. Die alten Backsteingebäude sind restauriert worden und Heimstatt interessanter Galerien und Museen. Lohnend ist ein Besuch der Duolun Art Gallery, deren Schwerpunkt auf zeitgenössischer Kunst liegt, und des herrlichen »Old Film Café«, in dem chinesische Filme aus den 1920er- und 1930er-Jahren gezeigt werden, während man gemütlich einen Kaffee schlürft.

Ebenfalls interessant ist das Leftist Writers Museum, das täglich von 9 bis 16.30 Uhr geöffnet hat und dem Kreis Linker Schriftsteller gewidmet ist, die in den 1930er-Jahren die Diktatur Chiang Kai-sheks scharf kritisierten. Neben den Museen und Galerien gibt es zahlreiche alte Gebäude wie die schöne, 1924 erbaute Residenz von Chiang Kai-sheks Schwager H. H. Kung – übrigens ein echter Nachfahre von Konfuzius –, die alte Hongde-Kirche aus dem Jahr 1928 und natürlich die obligaten, vollgekramten Curio-Läden.

1 Mondtore, wie im Jade-Buddha-Tempel gehören zu den typischen Elementen klassischer Architektur. 2 Das Kloster der Drachenblume ist der größte Tempel Shanghais. 3 In den Tempeln der Stadt herrscht stets reger Besuchsverkehr. 4 Der »schlafende« Buddha im Jade-Buddha-Tempel.

Lu-Xun-Park und -Residenz

Ein Stück nördlich der Duolun breitet sich der nach dem großen chinesischen Literaten benannte Lu-Xun-Park aus, eine der raren Grünflächen der Stadt. Lu Xun (1881–1936) hatte erst 1918 im Alter von 37 Jahren zu schreiben begonnen und veröffentlichte bis 1936 nur drei Bände mit Essays und Novellen. Dennoch galt er auf Anhieb als größter chinesischer Schriftsteller der Moderne. Der Grund: Lu Xun war ein kompromissloser Satiriker, politischer Autor und Sozialkritiker, der nicht nur einen in China völlig neuen literarischen Stil schuf, sondern auch daran glaubte, dass Literatur mächtig genug war, Menschen zu verändern. Das machte ihn für die Herrschenden gefährlich und zur Persona non grata. 1931 gelang es Chinas Diktator Chian Kai-shek, fünf Mitglieder des Kreises Linker Schriftsteller, zu dem auch Lu Xun gehörte, gefangen zu nehmen. Sie wurden hingerichtet, während Lu Xun in die Sicherheit der internationalen Konzession nach Hongkou fliehen konnte. Hongkou trug zu jener Zeit den Namen »Little Tokyo«, weil es das Zentrum der damals 20 000 Angehörige zählenden japanischen Gemeinde war. Die Atmosphäre hier war ihm vertraut, da Lu Xun in Japan studiert hatte. Im Park befindet sich sein Grab, und gleich südlich davon in der Shanyin Lu 9 eine der nunmehr zum Museum umgewidmeten Residenzen des rastlosen Literaten, der in seinem abwechslungsreichen Leben Dutzende Male umgezogen war.

Fluchtburg Shanghai

Hongkou war nicht nur der bevorzugte Wohnbezirk vieler Schriftsteller, die hier in relativer Sicherheit vor den Schergen Chiang Kai-sheks lebten, sondern entwickelte sich ab den 1930er-Jahren auch zum jüdischen Viertel Shanghais. Nach der Gründung der Kon-

zessionen in Shanghai kamen zunächst sephardische Juden aus den britisch beherrschten Gebieten wie Bombay und Bagdad nach Shanghai. Am berühmtesten wurden die Familien der Sassoons, Kadoories und Hardoons, die der Stadt mit ihren oft extravaganten Bauwerken ihren eigenen, markanten Stempel aufdrückten. Ab 1938 begann ein steter Zustrom von Juden aus Europa, da Shanghai zu den wenigen Orten auf der Welt gehörte, wo zur Einwanderung kein Visum erforderlich war. Anfangs waren sie noch willkommen, aber ab 1939 wurden die örtlichen jüdischen Hilfskomitees der Flüchtlingsströme nicht mehr Herr. Mit der Besetzung Shanghais durch Japan im Jahr 1941 wurden die mittlerweile fast 30 000 jüdischen Flüchtlinge in ein Getto eingewiesen, und zwar in das von Japan bei seinem Blitzkrieg gegen China schwer zerstörte Hongkou. Die Japaner hegten keine Ressentiments gegen Juden und ließen sie in Ruhe. Tatsächlich hatten die Vertreter Nazideutschlands in Shanghai den Japa-

nern sogar vorgeschlagen, auf Chinas zweitgrößter Insel Chongming inmitten des Yangzi-Deltas im Norden der Stadt ein Konzentrationslager zu bauen, was die japanischen Besatzer, die in Nordchina eigene Konzentrationslager für die chinesische und koreanische Bevölkerung betrieben, ablehnten. Das Getto wurde jedoch weitgehend sich selbst überlassen, und die meisten Bewohner kämpften bis 1945 täglich um ihre nackte Existenz. Oft lebten bis zu 10 Menschen in einem Raum, die hygienischen Verhältnisse waren kathastrophal.

Der Großteil der Überlebenden wanderte nach Kriegsende in die USA oder nach Israel aus. Einzig die im Jahr 1927 erbaute Ohel-Moishe-Synagoge in der Changyang Lu 62 im Herzen des einstigen Gettos erinnert noch an das bewegte Schicksal der Juden im Shanghaier Getto. Das alte Zentrum der jüdischen Flüchtlinge in Hongkou dient heute als Gedenkstätte und Museum.

Auf Ahnentäfelchen im Jade- Buddha-
Tempel stehen die Namen Verstorbener.

Kino, Zirkus und Theater

Shanghais Norden steht aber nicht nur für die Schicksale der chinesischen Literaten und Juden, sondern seit je auch für Freizeitgestaltung jeglicher Art. Entlang des Huangpu Jiang verlief beispielsweise der ehemalige Broadway mit seinen Spelunken und Bordellen, in denen hauptsächlich Matrosen verkehrten. Die feinere Gesellschaft ging dagegen in das 1908 vom spanischen Film-Tycoon Antonio Ramos in Hongkou eröffnete erste echte Kino Shanghais. Es hieß Victoria Theatre und stand noch bis Anfang 2000 an der Kreuzung Sichuan Beilu mit der Haining Lu. Shanghai war zum Beginn des 20. Jahrhunderts gerade dabei, sich zum chinesischen Hollywood zu mausern, und schon bald hatte Ramos ein ganzes Kinoimperium aufgebaut. Heute verfügt Shanghai zwar über große und moderne Kinos, aber sie konzentrieren sich, wie das UME-Cineplex in Xintiandi, im Zentrum, während sich die Filmproduktion nach Peking verlagert hat. Als Ausrichter des internationalen Filmfestivals von Shanghai, das jährlich im Juni stattfindet, hat die Stadt erste Schritte unternommen, wieder zu einer Metropole des Films zu werden.

Wenn Shanghai schon nicht mehr die Rolle von Chinas Hollywood einnimmt, so ist es doch zum Zentrum einer ganz anderen und sehr viel älteren Kunst avanciert – der chinesischen Akrobatik. Akrobaten, Magier und Jongleure werden schon in den Annalen der Han-Dynastie (206 v. Chr.–220 n. Chr.) erwähnt und haben eine entsprechend lange Tradition in China, aber in Shanghai begann ein gezielter Aufbau von Akrobatenensembles erst ab 1950. Das größte Theater ist das der Shanghai Circus World an der gleichnamigen U-Bahnstation im Norden des Stadtteils Zhabei. Dieser 1600 Zuschauer fassende Zirkus ist Heimat der New Shanghai Circus Troupe. Zwar ist sie oft irgendwo auf der Welt auf Tournee, aber es sind immer genügend Akrobaten in Shanghai, um eine glanzvolle Show zu gewährleisten. Wer nicht die halbe Stadt durchqueren möchte,

kann eine weitere spektakuläre Akrobatenshow bewundern, die allabendlich von Angehörigen der 1951 gegründeten Shanghai Acrobatic Troupe im Theater des Shanghai Center in der Nanjing Xilu 1376 bestritten wird. Diese Akrobatengruppe gehört zu den besten Chinas und der Welt. Kaum eine Vorführung gleicht der andern, und bei jedem Besuch wird man von der schier unfassbaren Vielfalt chinesischer Akrobatik-Kunst, die scheinbar mühelos jegliche menschliche Grenzen zu überwinden vermag, überwältigt.

Weniger rasant, aber genuin chinesisch geht es im Yifu-Theater in der Fuzhou Lu in Huangpu zu. Die Fuzhou Lu ist eines der großen Buchhandelszentren Shanghais und Standort großer Buchläden und -kaufhäuser. Man erkennt das Theater unschwer an der riesigen Peking-Opern-Maske über dem Eingang, die bereits ankündigt, dass man hier die geheimnisvolle und nicht leicht zu verstehende Welt der chinesischen Oper betritt. Zwar stehen verschiedene chinesische Opernstile auf dem Programm, aber der Schwerpunkt liegt auf der regionalen Kunqu-Oper. »Kunqu«, das ist eine bizarre, farbenkräftige Bühnenwelt, ein faszinierendes Zusammenspiel von tänzerischen Bewegungen und Gesang. Seit ihrer Entstehung vor 600 Jahren hat diese alte Form des Musiktheaters eine wechselvolle Geschichte durchlebt. Gerade deshalb gilt sie als die aussagekräftigste der traditionellen chinesischen Opern. Aus ihren Wurzeln haben sich viele weitere Ausdrucksformen der Oper entwickelt. Tiefes Gefühl und anmutige Posen bestimmen ihr Spiel, eingesetzt werden aufwendige Kostüme und Masken. Viele der Stücke glänzen auch durch schwungvolle Kampfszenen und Martial-Arts-Akrobatik. Trotzdem verliert diese alte Form der Oper im schnellen ökonomischen Wandel Chinas ihr Publikum. Um sie zu schützen, erklärte die Unesco die Kunqu-Oper zum »Meisterwerk des traditionellen Weltkulturerbes«. Im Rahmen dieses Unesco-Programms soll das mündlich überlieferte, immaterielle Erbe der Menschheit auf der ganzen Welt bewahrt werden.

1 Drei Akrobaten der Shanghai Acrobatic Troupe formen die Skulptur »Die drei weiten Meere«. 2 Atemberaubende Akrobatik und farbenfrohe asiatische Mystik bilden bei der New Shanghai Circus Troupe eine Balance zwischen Sensation und Spiritualität. 3 »Spiel der Schwalben« heißt diese rasante Nummer der Shanghai Acrobatic Troupe.

Feste feiern

Renao, renao – »heiß und lärmend« – so werden chinesische traditionelle Feste begangen. Der chinesische Begriff renao ist nur schwer übersetzbar, eher einer jener Termini, die man am eigenen Leib erleben muss, um sie zu verstehen. Lärm ist ein ständig präsenter Bestandteil des chinesischen Alltags: Restaurants sind vom Geplärre des allgegenwärtigen Karaoke erfüllt, Unterhaltungen in der U-Bahn werden so laut geführt, dass man sie auch im letzten Waggon noch mithören kann, und ein permanentes Gehupe verwandelt die Straßen in tosende Höllen. Doch all das kann nicht mit dem Lärmpegel chinesischer Feste konkurrieren. Es sind lustvolle Ereignisse, angefüllt mit Menschenmassen, erstickt in Farbenpracht und Qualm, erfüllt vom Geschrei der Händler, die inmitten des Tohuwabohus versuchen, ihre Leckereien an die Besucher zu bringen. Auf den Straßen, Plätzen und in Tempeln führen Schausteller Löwen- und Drachentänze zum dumpfen Dröhnen der Trommeln und zum Scheppern der Zimbeln vor. Geschickt winden sich die langen, von zehn und mehr Männern gebildeten Drachenkörper paarweise durch die Menge, springen und jagen in atemberaubendem Tempo wellenschlagend mal hierhin, mal dorthin, umtänzeln sich und stellen so das uralte chinesische Motiv »Zwei Drachen spielen mit einer Perle« dar, ein Symbol der Fruchtbarkeit und des Gedeihens. Majestätisch, aber nicht weniger lärmintensiv geht es bei den Löwentänzen zu, doch hier steht die Akrobatik im Mittelpunkt, und kaum eine Choreografie verzichtet darauf, die Löwen Saltos schlagen und spielerisch miteinander kämpfen zu lassen.

Das Frühlingsfest Chun Jie ist sicher das wichtigste traditionelle Fest Chinas, und es ist in Shanghai auch das Fest, von dem man als Besucher am meisten mitbekommt, da es sowohl in der Familie als auch in der Öffentlichkeit gefeiert wird. Am eindrucksvollsten sind die Zeremonien im Longhua-Tempel in Xujiahui und im Jing'an-Tempel in Jing'an, wo es große Rituale und Veranstaltungen mit Drachen- und Löwentänzen gibt,

während der Yu-Garten-Basar und viele Parks für das 14 Tage später stattfindende Laternenfest mit bunten Papierlaternen geschmückt werden.

Der größte Tempelmarkt der Stadt findet seit über 400 Jahren im Longhua-Tempel zu Ehren von Buddha Maitreya statt, dessen irdische Erscheinungsform am dritten Tag des dritten Mondes gestorben sein soll. Neben buddhistischen Ritualen gibt es einen großen, bunten Jahrmarkt zu erleben. Gleichzeitig stehen auch die Pfirsichbäume des Tempels in voller Blüte, und so findet parallel zum Tempelmarkt das Pfirsichblütenfest statt. Mittelpunkt dieses Ereignisses ist allerdings die Ortschaft Huinan im Kreis Nanhui, wo es ein Pfirsich-Märchenland, Lichtershows und andere Veranstaltungen gibt. Ein Fest für Zuschauer ist auch das Drachenbootfest am fünften Tag des fünften Mondes. Es ist eines jener traditionellen Feste, die von Konfuzianern, Daoisten und Buddhisten gleichermaßen begangen werden. Ursprünglich handelte es sich um ein Hochwasserbannungsritual, bei dem die Drachen, die als Herren über das Wasser galten, besänftigt wurden. Nach buddhistischer Vorstellung ist der fünfte Mond ein unglücklicher Monat, während die Konfuzianer des Selbstmords des großen Patrioten und Literaten Qu Yuan gedachten, der sich enttäuscht über die Korruption des Kaiserhofs ertränkte. Angeblich suchte man in Drachenbooten nach seiner Leiche und lenkte Fische mit in Bambusblättern eingewickelten Klebereisbällchen, die man an diesem Tag überall in Shanghai kaufen kann, ab. In Shanghai finden die Drachenbootrennen meist auf dem Dianshan-See westlich der Stadt statt, aber manchmal gibt es Rennen auch auf dem Huangpu.

1 »Den möchte ich gerne aufhängen«, denkt sich dieser Junge voller Vorfreude auf das nahende Frühlingsfest, denn zum chinesischen Neujahr werden die Wohnungen mit glücksbringenden Bildern, Spruchbändern mit Neujahrssprüchen, Schriftzeichen für Glück und vielen anderen Glückssymbolen geschmückt.

Buddhismus in Shanghai

Laviert die alte Theaterkunst immer am Rande ihres Aussterbens, haben Kulturrevolution und Fortschritt dem Buddhismus bis heute nicht den Garaus machen können: nicht einmal in Shanghai. Im Gegenteil, vor wichtigen Geschäftsabschlüssen suchen chinesische Geschäftsleute gern buddhistische Tempel auf, um für den Erfolg des avisierten Geschäfts zu opfern. Das chinesische Verhältnis zur Religion hat sich nie zu einer differenzierten Form des Gesellschaftslebens entwickelt. Tatsächlich sind Religionen in Chinas Geschichte immer daran gemessen worden, was sie – aus staatlicher Sicht – zum Wohlergehen des Landes beitragen konnten und welchen Nutzen sie aus der privaten Sicht ihrer Anhänger diesen schon in dieser Welt brachten. Nicht Sinnsuche prägt also das Verhältnis zur Religion, sondern die Forderung konkreter Gegenleistungen für dargebrachte Opfer. Entsprechend stellt sich die Aufgabe der Mönche dar. Die Angehörigen des »Sangha«, also des Mönchsordens, müssen hauptsächlich das Verlangen der Bevölkerung nach Abhaltung von Ritualen im Rahmen von traditionellen Festen, Hochzeiten und Beerdigungen oder eben zu Geschäftsabschlüssen stillen. Manche Mönche sind zwar auch als Wahrsager und Heiler tätig, aber die

meisten dienen als Ritualmönche, da Rituale die Haupteinnahmequelle der Tempel bilden, die ganz von der Unterstützung durch die lokale Bevölkerung und von Spenden reicher Gönner abhängig sind.

In Shanghai und der angrenzenden Provinz Jiangsu galt die klösterliche Karriere – anders als in anderen Teilen Chinas – als angesehener Lebensweg. Die Mönche aus dieser Provinz verstanden sich seit alters her besonders gut auf die Verwaltung von Klöstern und die Durchführung von Ritualen, weshalb man sie auch heute wieder als die »professionellsten« chinesischen Mönche mit einer überdurchschnittlichen Bildung bezeichnen kann. Die beiden großen buddhistischen Tempel der Stadt sind ein gutes Beispiel dafür.

Am berühmtesten ist sicherlich der Jade-Buddha-Tempel im Norden Shanghais in der Anyuan Lu. »Ein ruhiges Stück Land inmitten der Hektik der Stadt« nennen die Chan-Mönche des Jade-Buddha-Tempels (Yufo Si) stolz ihr Heiligtum. Seinen Ruhm verdankt der Tempel zwei Statuen des Buddha Sakyamuni, die jeweils aus einem Stück Jade geschnitzt wurden. Der Mönch Huigen hatte sie von einer Pilgerreise nach Birma (Myanmar) 1882 mitgebracht und der Stadt überlassen. Aber erst 1911 bekam das eigens gegründete

1 Um Mitternacht wird die Glocke des Klosters der Drachenblume 108-mal geschlagen. Laut einer Legende haben die Menschen 108 Leidenschaften, die mit dieser Zeremonie vertrieben werden. 2 Die buddhistischen Mönche des Klosters der Drachenblume vollführen mehrmals täglich ihre Rituale. 3 Mönche des Jade-Buddha-Tempels beim Rezitieren von Sutren in der Guanyin-Halle. 4 und 5 An Feiertagen und zu festlichen Gelegenheiten herrscht in den Tempeln Hochbetrieb.

1 **2**

Tempelkomitee genügend Geld für den Bau eines Tempels zusammen. Darin wurden die Buddhas untergebracht. In der Wen-Halle (Wen Tang) befindet sich im oberen Geschoß ein 1,90 Meter hoher sitzender Buddha und in der Halle des Schlafenden Buddha (Wofo Tang) ein 96 Zentimeter langer, liegender Buddha.

Im Südwesten der Stadt steht der größte buddhistische Tempel Shanghais, das Kloster der Drachenblume (Longhua Si) mit der gleichnamigen Pagode. Beide erhielten ihr heutiges Aussehen im 10. Jahrhundert. Ein erster Tempel soll an dieser Stelle bereits 242 in der Zeit der Drei Reiche gestanden haben. Die Pagode des Longhua-Tempels ist übrigens die einzige Pagode der Stadt. Berühmt ist der Tempel für die größte tausendhändige Guanyin-Statue Chinas. Guanyin ist die in ganz China populäre Göttin der Barmherzigkeit, eine weibliche Form des Bodhisattva Avalokiteshvara. Die tausend Arme gehen auf eine Legende zurück, nach der ein Bildhauer den Auftrag, eine Guanyin-Skulptur komplett mit Händen und Augen (»quanshou quanyan«) zu schaffen, missverstand und stattdessen eine Skulptur mit tausend Händen und tausend Augen (»qianshou qianyan«) schuf.

Besonders bunt geht es hier während der chinesischen Neujahrsfeierlichkeiten zu. Der Longhua-Tempel gehört zu einer Reihe von Tempeln in China, die das neue Jahr mit großen Feierlichkeiten begehen. Es gibt Drachen- und Löwentänze und einen großen Tempelmarkt. Um Mitternacht schlägt der Abt die Glocke 108-mal. Damit sollen die 108 Leidenschaften, die jeder Mensch angeblich hat, vertrieben werden.

Muße im Wasserland

Der Moloch Shanghai lässt nur sehr wenig Spielraum zum Verschnaufen. Die Grünflächen sind knapp, aber dafür bietet das Umland einige Orte, in denen zumindest optisch die Zeit stehen geblieben ist. Der Süden und Westen des Stadtgebietes wird von Tausenden von Kanälen und Flüssen durchzogen, und hinter der allgegenwärtigen Kulisse von Wohnblocks und Fabrikgebäuden findet man einige echte Perlen des klassischen China. Viele der Dörfer im Wasserland sind seit

alters her nur per Boot erreichbar. Hier, inmitten der Moderne, spielt sich das Leben noch wie in alten Zeiten ab, ganz so, wie man sich das alte China vorstellt: Brückchen, Gassen, windschiefe, grau gedeckte Häuschen, verträumte Kanäle, Dschunken und gemütliches Dorfleben. Die kleinen Orte Tongli, Luzhi und besonders Zhouzhuang im Westen oder auch Xinchang im Süden bieten hinter einer modernen Kulisse originales Dorfleben. Die Straßen sind so schmal, dass Fahrzeugverkehr hier unmöglich ist. Unzählige Kanäle mit alten, pittoresken Steinbrücken durchziehen die malerischen Orte. Die Zeit scheint auch in den vielen traditionellen Handwerksbetrieben stillzustehen.

Auch wenn der Tourismus in die Dörfer Einzug gehalten hat, bieten sie eine herrliche und vor allem schnell zu erreichende Rückzugsmöglichkeit vom Stress der Großstadt.

1 Besucher genießen eine Bootsfahrt durch die typischen Kanäle von Zhouzhuang westlich von Shanghai. Der Ort ist 900 Jahre alt und entging durch seine einzigartige Lage den Verwüstungen der Kriege. 2 Die Sightseeing-Boote im Wasserland werden noch auf traditionelle Weise gerudert. 3 Einer der typischen Kanäle von Tongli im Wasserland. 4 Schiffer warten in Zhouzhuang auf Fahrgäste.

Daten und Fakten

Zeittafel

5.–3. Jahrtausend v. Chr.

Die Landzunge, auf der sich das heutige Shanghai ausbreitet, liegt noch unter Wasser. Die Schlammmassen des Yangzi häufen sich zu gewaltigen Sandbänken auf, welche die Ufer des Stroms stabilisieren. Im Gebiet des unteren Yangzi siedelt die neolithische, zur Mon-Khmer-Gruppe gehörende Hemudu-Kultur, die bereits Nassreisanbau und die Seidenraupenzucht betreibt.

Um 11.–6. Jahrhundert v. Chr.

Dank des Schlamms liegt die Küste ab 500 vor Christus etwa 20 Kilometer östlich des heutigen Stadtgebiets.
Die Ufer des Yangzi erreichen jetzt Höhen von fünf bis acht Metern und bilden die ideale Grundlage für Nass- und Trockenreisanbau. Im unteren Yangzi-Delta entsteht das Königreich Wu.

481–221 v. Chr.

Die Zeit der Streitenden Reiche stürzt alle chinesischen Königreiche in einen umfassenden Krieg um die Vorherrschaft. Wu wird 473 v. Chr. vom Nachbarstaat Yue annektiert, der seinerseits 306 v. Chr. von Chu erobert wird. Ab 223 v. Chr. kontrolliert König Zheng von Qin das Gebiet und gliedert es 221 v. Chr. in sein neu gegründetes Kaiserreich ein.

221 v. Chr.–220 n. Chr.

Das Yangzi-Delta dient unter der Qin- und Han-Dynastie als Verbannungsort und Agrarkolonie und gerät nun unter den kulturellen Einfluss Zentralchinas. Der in der Region gesprochene Dialekt wird nach dem alten Königreich Wu-Dialekt genannt.

751

Auf dem Areal des heutigen Shanghai wird der Kreis Huating gegründet. Dank der Verlagerung des wirtschaftlichen Schwerpunkts aus Zentralchina in das Yangzi-Delta kann sich Huating schnell entwickeln.

960

Der Name Shanghai taucht erstmals urkundlich auf. Er bezeichnet einen Ankerplatz im Kreis Huating am Shanghai Pu, einem von 18 Nebenflüssen des Huangpu, der heute mitten durch die Stadt fließt.

1267

Das Dorf Shanghai wird mit drei weiteren Ortschaften zum Verwaltungsbezirk Shanghai zusammengefasst. Schnell entwickelt sich die kleine Stadt zum wichtigen Hafen des nahe gelegenen Suzhou und der Küstenregionen der heutigen Provinz Jiangsu, deren Gewässer für effiziente Häfen nicht tief genug sind. Seinen Namen trägt der Ort nach dem Fluss Shanghai Pu, einem Zufluss des Song Jiang.

1292

Shanghai wird von Huating abgespalten und zu einem eigenständigen Kreis. Damit ist das Fundament für die Entwicklung Shanghais zu einer Stadt gelegt.

14. Jahrhundert

Während sich der Schwerpunkt des Reisanbaus an den mittleren Yangzi verlagert, finden wichtige qualitative Verbesserungen in der Baumwoll- und Seidenproduktion statt. In Shanghai entstehen erste Großbetriebe, in denen die anonyme Arbeitskraft nichts Ungewöhnliches mehr ist.

1553

Um sich vor den häufigen Überfällen japanischer Piraten besser schützen zu können, erhält das durch seine Großbetriebe reich gewordene Shanghai Stadtrechte und damit die Erlaubnis zum Bau einer Stadtmauer.

1830

Die Region des unteren Yangzi ist die reichste und am dichtesten besiedelte Region Chinas und Shanghai das wichtigste kommerzielle Zentrum der Region mit fast 400 000 Einwohnern. Zum Aufstieg der Stadt hat u. a. ein extensives Kanalsystem beigetragen.

1842

Im Verlauf des 1. Opiumkrieges (1839–1842), mit dem England die Legalisierung des Opiumhandels und Chinas Öffnung für seine Märkte erzwingen will, kreuzen am 9. Juni 1842 britische Kriegsschiffe vor Shanghai auf und schießen die Stadt in Brand. Im Vertrag von Nanjing muss Shanghai schließlich für den Außenhandel geöffnet werden.

1843

Die Engländer erwirken in einem Zusatzvertrag Exterritorialrechte für ihre Handelsniederlassungen. Der erste britische Konsul trifft ein und gründet auf einem 0,5 Quadratkilometer großen Areal zwischen Wusong- (bzw. ab 1916 Suzhou-)Fluss, Huang-Pu- und Yangjing-Fluss die britische Konzession.

1848/49

Die Amerikaner gründen ihre Konzession nördlich des Wusong. 1849 richten die Franzosen ihre 0,6 Quadratkilometer große Konzession südlich der britischen Niederlassung ein.

1 Rikschafahrer warten an einem Stadttor vor dem Stadtgraben, der die Shanghaier Altstadt umgibt, auf Kundschaft (um 1880). 2 Typische Straßenszene in Shanghai im Jahr 1880. Noch bis vor 15 Jahren waren die hier zu sehenden Gebäude typisch für das Stadtbild.

1858–1860

Mit den Verträgen von Tianjin 1858 und von Beijing 1860, die den 2. Opiumkrieg beenden, muss China den Ausländern eine Erweiterung ihrer Konzessionsgebiete erlauben. England und die USA legen ihre Gebiete zum 22 Quadratkilometer großen International Settlement zusammen, die Franzosen erweitern ihre Niederlassung auf 10 Quadratkilometer. Etwa 5000 Ausländer leben zu dieser Zeit in der Stadt.

1895

China verliert den Chinesisch-Japanischen Krieg und Japan baut die Stadt zu einem Zentrum seiner Baumwollproduktion aus.

1919

Der Versailler Vertrag, der Japan die ehemaligen deutschen Besitzungen in China überträgt, löst die Bewegung des 4. Mai aus. Höhepunkt ist der 5. Juni, als ein Generalstreik das öffentliche Leben der Stadt lahmlegt.

1921

Am 23. Juli wird im Shanghaier Untergrund die KPCh gegründet. Die Bevölkerung nimmt auf über 2,5 Millionen zu.

1925

Am 30. Mai eröffnet ein britischer Polizeioffizier das Feuer auf chinesische Demonstranten. In der Folge kommt es zum monatelangen Generalstreik und

zum größten Massenprotest in der neueren chinesischen Geschichte, in dessen Verlauf die ausländische Wirtschaft schwer geschädigt wird. In den Friedensverhandlungen bekommen die Chinesen ihre 1853 an England verlorene Zollautonomie wieder und erstmals dürfen drei chinesische Vertreter in den SMC, die Regierung der internationalen Konzession, entsendet werden.

1927

Die KPCh organisiert Massenaufstände, durch die über 800 000 aufständische Arbeiter die gesamte Stadt am 22. März unter ihre Kontrolle bringen. Mit Duldung der Ausländer schlägt Diktator Chiang Kai-shek den Aufstand nieder und lässt 5000 echte oder vermeintliche Kommunisten erschießen. Die KPCh verliert ihre wichtigste Wirkungsstätte.

1931

Nach antijapanischen Boykottaktionen und dem Tod eines Japaners rücken 100 000 Japaner in die Stadt ein. Shanghai wird wochenlang von der japanischen Luftwaffe bombardiert.

1937–1945

Japanischer Blitzkrieg und Eroberung Ostchinas. Japanische Truppen besetzen die Stadt und beginnen ab 1943 alle Ausländer außer den Verbündeten zu internieren. Tausende von Juden, die sich hierher gerettet haben, werden faktisch in Hongkou eingesperrt, jedoch nicht ausgeliefert. Mit der Kapitulation Japans bekommt China die volle

Souveränität über Shanghai zurück.

1949

Kommunistische Truppen rücken im Mai in Shanghai ein und erzielen einen wichtigen Sieg im Bürgerkrieg gegen die Nationalisten.

1966–1976

Mao Zedong startet in Shanghai mit seiner Frau Jiang Qing die Kulturrevolution, um seine Macht vollständig zurückzuerlangen.

1990–1992

Nachdem die Wirtschaftsentwicklung an Shanghai vorbeigegangen ist, wird 1990 die Wirtschaftssonderzone Pudong gegründet. 1992 gibt Deng Xiaoping auf seiner berühmten Südreise den Startschuss für die Öffnung der Wirtschaft nach außen. Viele der höchsten Staatsämter werden mit Politikern aus Shanghai besetzt, und prompt setzt sich die Stadt an die Spitze des chinesischen Wirtschaftswachstums.

2003

Shanghai bekommt den Zuschlag zur Ausrichtung der Expo 2010.

2004

Shanghai wird erstmals Austragungsort der Formel 1.

2008

Das Shanghai World Financial Center wird fertig und ist mit einer Höhe von 492 Metern und 101 Stockwerken Shanghais neuestes Vorzeigeobjekt.

Reise-Top-Ten – Sehenswürdigkeiten

Bund

Die Uferpromenade entlang des Huangpu-Flusses ist das steingewordene Gesicht Shanghais. Am Zusammenfluss von Wusong und Huangpu Jiang begann die Geschichte des eigenwilligen Konstrukts Shanghai. Hier reihen sich die alten Geld- und Handelshäuser, Konsulate, Hotels und Clubs in einer bunten architektonischen Mischung aus Neorenaissance, Neogotik oder Neoklassizismus aneinander. Marksteine sind die Bank of Chi-na mit dem angrenzenden Peace Hotel, das ehemalige Zollhaus mit dem markanten Uhrenturm und daneben der Prunkbau der alten Hongkong and Shanghai Bank.

Nanjing Lu

Die Nanjing Donglu (Nanking East Road) ist kommerzielles Herz und Schaufenster der Stadt. Schon früher konnte man hier den letzten Schrei der Mode und Technik erstehen, und auch heute steht die schillernde, abends grell er-leuchtete Fassade für das grenzenlose Selbstbewusstsein der Shanghaier, die schon immer der Ansicht waren, dass ihre Stadt moderner, besser, modischer, fortschrittlicher und schneller war und ist als alle anderen Städte Chinas. Im Jahr 2000 erfolgte der Umbau der 2 Kilometer langen Nanjing Donglu zur Fußgängermeile. Neben den zahlreichen modernen Konsumtempeln blieb auch Platz für die »Großen Vier«, die ehemaligen Traditionskaufhäuser Wing On (Nr. 635), Sincere (Nr. 640-700), Sun Sun (Nr. 720) und The Sun (Nr. 830).

Shanghai Museum

201 Renmin Dadao, tgl. 9.00–17.00 Uhr
Schon die Architektur des berühmtesten Museums der Stadt, das am Südrand des Volksplatzes steht, ist pure Symbolik. Die Form erinnert an ein »Ding«, eines der ältesten in China gefundenen Gefäße, und schlägt so eine Brücke von der Moderne bis zu den 5000 Jahre alten neolithischen Kultu-

ren. Durch zehn Galerien, die sich über drei Etagen erstrecken, wandert man an uralten Bronzefunden, buddhistischen Skulpturen, antikem Porzellan, an Münzen und Jadeschnitzereien, alten Möbeln und klassischer Malerei vorbei und bekommt so einen spannenden Einblick in die über 5000 Jahre alte Kulturgeschichte Chinas.

Yu-Garten

218 Anren Jie, tgl. 8.30 bis 17.00 Uhr
Der bezaubernde Yu-Garten (Yu Yuan) ist der einzige Ort Shanghais, der wirklich alt ist. Daher wird er auch zu einer einzigartigen Sehenswürdigkeit hochstilisiert und ist der Stolz der Stadt. Auf kleinstem Raum findet man in dem zwischen 1559 bis 1577 von einem hohen Beamten des Kaisers angelegten Garten alle Elemente vereint, die einen klassischen chinesischen Garten auszeichnen. Dazu gehören Wandelgänge, Zickzackwege und -brücken, Berge und Wasser, Pavillons, Blumen und Bäume. Wegen seiner für einen chinesischen Garten geringen Größe wurden hier formvollendet architektonische Elemente eingesetzt, die dennoch Größe suggerieren: Bäche verschwinden hinter Mauern, Wege führen scheinbar in entlegen Winkel, und prachtvoll gestaltete Gebäudeensembles vermitteln den Eindruck von Pomp und Reichtum.

Xintiandi

Die Einheimischen nennen dieses Viertel »Wulixiang« (Wohnzimmer Shanghais). Im alten Shanghai waren die traditionellen Wohnanlagen, die »Shikumen«, so etwas wie offene Wohnzimmer, und es war üblich, dass Nachbarn auf eine Tasse Tee hereinschneiten. Bevor auch noch die letzten dieser Shikumen verschwanden, fasste sich die Hongkonger Shui-On-Gruppe ein Herz und ließ einen kompletten Shikumen-Block aufwendig restaurieren und zu einem Restaurant-, Shopping- und Museumsviertel umbauen. Zu sehen gibt es das Wuli-

1 Jedem Jahr ist im Mondkalender eines von zwölf Tieren zugeordnet. Dieses Geschäft hat sich mit einem Hahn zur Begrüßung des Jahres des Hahnes geschmückt. 2 Abends werden die Gassen des Yu-Garten-Basars erleuchtet. 3 Rote Troddeln sind ein typischer Schmuck für das Frühlingsfest.

xiang-Museum, das ein typisches Shikumen-Haus aus dem Jahr 1920 zeigt, die Gründungsstätte der KPCh und viele schöne alte Gebäude.

Fuxing-Park und Umgebung

Der Fuxing-Park ist ein herrlicher Park zum Relaxen. Einst war dies der Französische Park, und so ist seine Lage inmitten der ehemaligen französischen Konzession eine Fundgrube für Relikte der Vergangenheit. Gleich in der Nähe des Westtors steht die russisch-orthodoxe St.-Nikolas-Kirche mit ihren charakteristischen Zwiebeltürmen. In der Nähe des Gotteshauses haben sich die beiden alten Residenzen des Republikgründers Sun Yatsen und des ehemaligen Ministerpräsidenten Zhou Enlai erhalten, beides schöne Beispiele der Wohnkultur der 1930er-Jahre.
Im Norden des Parks beginnt die inzwischen zur Fußgängerzone umgewandelte Yandang Lu, eine gemütliche Restaurant- und Kneipenstraße.

Moganshan Lu 50

In den alten Fabrik- und Lagerhallen der Moganshan Lu 50 ist Shanghais Kunst- und Galerieszene zu Hause. In den verfallenden Räumen und Hallen, die zum Teil noch aus den 1930er-Jahren stammen, gibt es Dutzende von Galerien und Ateliers. Vertreten ist die gesamte Bandbreite von klassischer bis zeitgenössischer chinesischer Malerei. Vielen der Künstler kann man bei der Arbeit über die Schulter schauen. Und wer sich nach so viel Kunst ausruhen möchte, kann dies in den über das ganze Gelände verstreuten Künstlercafés tun.

Jade-Buddha-Tempel

170 Anyuan Lu, tgl. 8.30 bis 16.30 Uhr
Der Jade-Buddha-Tempel (Yufo Si) ist Shanghais berühmteste Tempelanlage. Um zwei kostbare, aus Jade

geschnitzte Buddha-Skulpturen, die der Mönch und Pilger Hui Gen aus Myanmar mitgebracht hatte, unterzubringen, wurde 1882 ein erster Tempel errichtet. Während der Revolution 1911 wurde er zerstört und zwischen 1918 und 1928 in der Anyuan Lu in seiner heutigen Gestalt neu errichtet. Den Mittelpunkt dieses höchst aktiven Chan-Tempels bilden die 1,95 Meter große sitzende Buddha-skulptur in der Jade-Buddha-Halle, die Buddha im Moment seiner Erleuchtung zeigt, und die 96 Zentimeter lange, liegende Buddha-Statue in der Halle des Schlafenden Buddha, die ihn im Moment des Eintritts ins Nirwana darstellt.

Lujiazui

Das Finanzviertel Lujiazui in Pudong steht für das neue, moderne Shanghai. Hier toben sich internationale Architekten aus, und nirgendwo sonst ist das sich täglich ändernde Gesicht Shanghais präsenter. Vom Bund aus kann man mit einer kleinen Bahn durch den etwas psychedelischen Tourist Tunnel in das Finanzviertel hinüberfahren. Der Tunnel endet beim Ocean Aquarium neben dem Fernsehturm, dem ersten der drei höchsten Gebäude Pudongs. Die Hauptachse Lujiazuis bildet der weitläufige Century Boulevard, aber die eigentlichen Blickfänge sind der wie eine Pagode geformte, 420 Meter hohe Jinmao Tower, das 492 Meter hohe, an einen Flaschenöffner erinnernde International Finance Centre und der 468 Meter hohe Fernsehturm.

1 Zickzack-Brücken wie diese zum Teehaus im Herzen des Sees machen es Dämonen nach altem Volksglauben unmöglich, sie zu überqueren. 2 Traditionelle von Lampions erleuchtete Restaurants in Zhouzhuang. 3 Die Pagode des Klosters der Drachenblume wurde im Jahr 977 erbaut.

3

Arts & Events

Shanghai hat in den letzten Jahren versucht, sich nicht nur als Wirtschaftsmetropole, sondern auch als Kulturzentrum einen Namen zu machen. Der Hauptstadt Peking reicht sie in Sachen Kultur sicher nicht das Wasser, aber das eine oder andere Event gehört mittlerweile doch auf den Terminkalender eines jeden Kulturschaffenden und Kulturinteressierten. Neben den international ausgerichteten Veranstaltungen gibt es natürlich auch jede Menge lokale und regionale Events. Im kulturellen Bereich sind sie jedoch meist nur in chinesischer Sprache. Ohne Chinesisch-Kenntnisse kann man aber die vielen traditionellen Feste miterleben.

Februar
Laternenfest
15. Tag des ersten Mondes (21.2.08, 9.2.09, 28.2.10): Das bunte Lichterfest bildet den Abschluss des Neujahrsfestes. In vielen Parks, aber auch rund um das Huxinting-Teehaus vor dem Yu-Garten werden bunte, fantasievolle Laternen aufgebaut.

März/April
Longhua Temple Fair
Am 3. Tag des 3. Mondes (8.4.08, 29.3.09, 16.4.10) beginnt der große Tempelmarkt im Tempel der Drachenblume (Longhua Si). Dies ist Chinas größter und auch ältester Tempelmarkt, der seit der Ming-Dynastie mit vielen Ständen und Aktivitäten abgehalten wird.

April
Qing-Ming-Fest
4./5. April (4.4.08, 4.4.09, 5.4.10): Das Fest der Lichten Klarheit findet zu Ehren der Toten statt. Die Familien pilgern an diesem Tag zu den Gräber ihrer Ahnen, die bei der Gelegenheit neu hergerichtet und geschmückt werden.

1. Mai bis 31. Oktober 2010
Expo 2010
Auf dieses Ereignis fiebert die Stadt hin. Die Stadtväter haben die Expo zum Anlass genommen, noch einmal richtig reinzuklotzen und die sowieso schon rundum modernisierte Stadt noch moderner zu machen.

Mai
Shanghai Spring International Music Festival
Jedes Jahr im Mai findet dieses einwöchige Festival statt. Zu hören gibt es das ganze Spektrum der internationalen Musikszene. Bis 2010 sollen jedes Jahr international renommierte Komponisten eingeladen werden, um Musikstücke zu Motiven der Stadt zu komponieren.

Buddhas Geburtstag
8. Tag des 4. Mondes (12.5.08, 2.5.09, 21.5.10): In den buddhistischen Tempeln der Stadt gibt es große Zeremonien. Besonders viel ist naturgemäß im Jade-Buddha-, Jing'an- und Longhua-Tempel los.

Juni
Drachenbootfest
5. Tag des 5. Mondes (8.6.08, 28.5.09, 16.6.10): An diesem Tag finden die beliebten Drachenbootrennen statt. Während Wettfahrten beim Drachenbootfest jagen – angefeuert vom Schlag der Trommeln – die Mannschaften in ihren

1 Schon früh begeistern sich Kinder für Räucherstäbchenopfer im Tempel. 2 Während des Laternenfestes wird die Altstadt festlich mit bunten Papierlaternen geschmückt. 3 Zwei Schauspieler tragen bei einem Fest volkstümliche Masken.

schmalen Booten über das Wasser. Am Feiertag wird natürlich in Bambusblätter eingewickelter und gegarter Klebereis gegessen.

Internationales Filmfestival Shanghai

Im Geburtsort des chinesischen Films gibt es natürlich auch ein wichtiges internationales Filmfestival. Es findet jedes Jahr im Juni statt und dauert neun Tage. Erfreulich für Deutschland: In den Jahren 2006 und 2007 erhielt jeweils der deutsche Beitrag den begehrten Goldenen Pokal als bester Film.

September bis November
Shanghai Biennale

Alle 2 Jahre (2008, 2010) findet die große Biennale im Shanghai Art Museum statt. In den letzten 10 Jahren konnte sie sich einen Namen unter den internationalen Ausstellungen für zeitgenössische Kunst erwerben.

September/Oktober
Mondfest bzw. Mittherbstfest

15. Tag des 8. Mondes (14.9.08, 3.10.09, 22.9.10): Das Fest erinnert an die Bedeutung, die dem Mond in alter Zeit beigemessen wurde. Überall in der Stadt werden Mondkuchen verkauft, die man am Abend nach einem Festmahl im Kreise der Familie verspeist.

Shanghai Music Fireworks Festival

Zu diesem Spektakel, das in der Regel eine Woche dauert, treffen die besten Pyrotechniker aufeinander und versuchen das schönste, aufwendigste und spektakulärste Feuerwerk zu präsentieren. Nur selten wird man schönere Feuerwerke zu sehen bekommen.

Shanghai Tourist Festival

Das jährliche Festival wurde einst eingeführt, um die Attraktivität der Stadt als Reiseziel zu steigern. Meist beginnt es in der letzten Septemberwoche mit einem großen Feuerwerk am Huangpu. Auf der Nanjing Donglu und der Huaihai Lu gibt es bunte Umzüge und überall in der Stadt kulturelle Veranstaltungen.

Oktober
Formel 1

Seit dem Jahr 2004 ist Shanghai Austragungsort für die Formel 1. Dafür wurde eigens die größte Rennstrecke Asiens gebaut. Die Streckenführung entspricht dem chinesischen Schriftzeichen »Shang« für Shanghai.

November
Shanghai Art Fair

Die Shanghaier Kunstmesse konnte sich in den vergangenen Jahren zum Flaggschiff der asiatischen Kunstevents mausern. Über 150 international renommierte Galerien nehmen jedes Jahr an dem Ereignis im Ausstellungszentrum Shanghai Mart teil und stellen bis zu 10 000 Kunstwerke aus.

Oktober/November
Shanghai International Arts Festival

Einen Monat lang gastieren aus Anlass dieses Events international renommierte Orchester, Theaterensembles und Künstler in den verschiedenen Theatern und Veranstaltungsorten der Stadt.

November/Dezember
Shanghai Toray Cup International Marathon

Nachdem sich die Stadt erfolgreich als Kulturzentrum etablieren konnte, versucht man auch auf sportlichem Gebiet bekannt zu werden. Und so findet Ende November bzw. Anfang Dezember der Toray Cup mit mittlerweile 18 000 Teilnehmern statt – und warum nicht einmal mitten durch die Stadt mit ihrer beeindruckenden Kulisse laufen?

Shanghai von A bis Z

Anreise

Wer mit dem Flugzeug aus dem Ausland ankommt, landet auf dem Flughafen Pudong 40 Kilometer östlich der Stadt. Von hier gibt es zahlreiche Buslinien zu verschiedenen Zielen in der Innenstadt. Am schnellsten geht es mit dem Maglev, so die hiesige Bezeichnung für den Transrapid, der den Flughafen mit der U-Bahnstation Longyang Lu der Linie 2 verbindet. Die Züge fahren zwischen 7.00 und 21.00 Uhr alle 20 Minuten und kosten 50 Yuan. Mit der U-Bahn gelangt man schnell und preiswert wei-ter in die City. Taxis kosten je nach Ziel ab 140 Yuan. Die meisten Inlandsflüge landen in Hongqiao, dem alten Flughafen am westlichen Stadtrand Shanghais. Die Verlängerung der U-Bahn-Linie 2 zum Flughafen ist noch im Bau. Bis dahin fahren Flughafenbusse in die Stadt oder man nimmt ein Taxi, das zwischen 50 und 70 Yuan in die City kostet.

Shanghai hat zwei riesige Bahnhöfe: Die meisten Züge aus dem Norden und Westen enden am Hauptbahnhof (Shanghai Zhan) nördlich des Zentrums, während fast alle Züge aus dem Süden zum Südbahnhof (Shanghai Nanzhan) im Südwesten der Stadt fahren. Am Hauptbahnhof kann man in die U-Bahn-Linien 1 bis 3, am Südbahnhof in die U-Bahn-Linien 1 und 3 umsteigen.

Ärztliche Versorgung

Shanghai hat zahlreiche Kliniken, die höchsten internationalen Anforderungen genügen. Die Behandlung muss grundsätzlich bar bezahlt werden. Wichtig ist es daher, sich schon im Vorfeld über mögliche Kosten zu informieren. Wer ernsthaft krank wird und einen Spezialisten aufsuchen möchte, kann sich unter www.shanghai.diplo.de eine Liste aller wichtigen Ärzte und Krankenhäuser herunterladen und ausdrucken, bzw. diese auch im Generalkonsulat der Bundesrepublik Deutschland bekommen.

Huashan Worldwide Medical Center (Huashan Yiyuan), 1068 Changle Lu, Tel. 0 21/62 48 99 99, extension 2500.

Notfälle nach 22 Uhr werden auf demselben Areal, aber über den Zugang in der 12 Wulumuqi Lu im

15. Stock, Tel. 0 21/ 62 48 39 86, behandelt. **Ruijin Yiyuan**, 197 Ruijin 2 Lu, Tel. 0 21/64 37 00 45 ext. 66 81 01. Großes Krankenhaus mit Ausländerabeilung. Der Ausländerblock heißt Guangci Hospital und liegt ganz am hinteren Ende der Anlage.

Auskunft
In Deutschland
Für Deutschland und Österreich zuständig ist das Fremdenverkehrsamt der VR China, Ilkenhansstr. 6, 60433 Frankfurt/M., Tel. 0 69/52 01 35 oder 52 01 36, Fax: 0 61/52 84 90. Telefonische Information: Mo–Fr 9–12 Uhr, www.fac.de und www.china-tourism.de

In der Schweiz
Fremdenverkehrsamt der VR China, Genferstr. 21, CH-8002 Zürich, Tel. 01/2 01 88 77, Fax 01/2 01 88 78.
In Shanghai
In den U-Bahn-Knotenpunkten wie am Volksplatz und bei wichtigen Sehenswürdigkeiten wie der Nanjing Donglu, Xintiandi oder am Jing'an-Tempel gibt es Touristeninformationen. Ihr Nutzen tendiert jedoch gegen null. Aber immerhin gibt es kostenlose Stadtpläne. Ganz anders sieht es im Internet aus. Hier gibt es zahlreiche hervorragende Seiten. Die beste ist www.schanghai.com, eine Website für Deutsche,

die in Shanghai leben, aber auch für alle anderen Besucher. Gute Seiten für Nachtleben, Kultur usw. sind www.thatssh.com und www.smartshanghai.com

Diplomatische Vertretungen
Botschaft der VR China, Konsularabteilung: Brückenstr. 10, 10179 Berlin, Tel. 0 30/27 58 85 72, www.china-botschaft.de
Generalkonsulat der VR China, Mainzer Landstr. 175, 60327 Frankfurt, Tel. 0 69/75 08 55 34

Generalkonsulat der VR China, Elbchaussee 268, 22605 Hamburg, Tel. 040/82 27 60 18
Generalkonsulat der VR China, Romanstr. 107, 80639 München, Tel. 089/17 30 16 18
Österreich und Schweiz: Botschaft der VR China, Konsularabteilung: Strohgasse 22, A-1030 Wien, Tel. 01/7 10 36 48, www.chinaembassy.at
Botschaft der VR China, Kalcheggweg 10, CH-3006 Bern, Tel. 031/3 51 45 93, www.china-embassy.ch

1 Der Uhrturm »Big Ching« des alten britischen Zollhauses aus dem Jahr 1843. 2 Fassade des Mei Long Restaurants, das 1938 eröffnet wurde und zu den berühmtesten Restaurants Shanghais zählt. 3 Eingang zum alten Zollhaus.

Generalkonsulat der VR China, Bellariastr. 20, CH-8002 Zürich, Tel. 01/2 01 10 73

In Shanghai
Generalkonsulat der BR Deutschland, Konsular- und Rechtsangelegenheiten, 14/Fl, New Century Plaza, 188 Wujiang Lu, Shanghai, Tel. 021/62 17 15 20 Kanzlei: 181 Yongfu Lu, 0 21/34 01 01 06, Notfalltelefon 1 39 01 89 20 81, www.shanghai.diplo.de

Generalkonsulat der Republik Österreich, Qihua Building, 3/Fl 3A, 1375 Huaihai Zhonglu, Shanghai, Tel. 0 21/64 74 02 78,

www.aussenministerium.at/shanghaigk

Generalkonsulat der Schweiz, 22/ Fl, Building A, Far East International Plaza, 319 Xianxia Lu, Shanghai, Tel. 0 21/62 70 05 19, www.eda.admin.ch/shanghai

Einkaufen

Schon immer konnte Shanghai mit einem ungeheuren Angebot an Waren aus allen Teilen Chinas und der Welt aufwarten. Für das moderne Shanghai gilt das mehr denn je. Die meisten Geschäfte haben zwischen 10 und 22 Uhr geöffnet. Supermärkte haben z.T. rund um die Uhr auf. Die Nanjing Donglu steht für große Touristenströme, Kaufhäuser, chinesische Modeketten und Konsum. Mondäner lässt es sich in den schicken Häusern der Huaihai Zhonglu einkaufen, wo viele der internationalen Modehäuser ihre Filialen haben. Eine Mischung aus Chic und Flair bietet die Nanjing Xilu, die vom Volksplatz nach Westen läuft. Bücher und Zubehör für Malerei findet man in vielen Geschäften der Fuzhou Lu. Andere bunte und interessante Einkaufsdistrikte sind die Sichuan Beilu nördlich des Wusong-Flusses und Xujiahui an der gleichnamigen U-Bahn-Station.

Einreise

Touristenvisa gelten in der Regel 30 Tage. Vor Ort kann man das Visum dann um 30 Tage gegen Gebühr verlängern. Das Visum muss persönlich beantragt werden. Wer nicht persönlich erscheinen kann, nimmt einen Visabeschaffungsdienst (z.B. www.visumservice.de) in Anspruch. Für das Touristenvisum benötigt man ei-

nen Reisepass, der bei Einreise noch mindestens sechs Monate gültig ist, ein ausgefülltes Antragsformular, das bei den Botschaften und konsularischen Vertretungen der VR China erhältlich ist oder über die Websites der Chinesischen Botschaften ausgedruckt werden kann, und ein Passbild.

Das Touristenvisum kostet bei einmaliger Einreise 20 Euro (Österreicher 30 Euro, Schweizer 50 CHF), zweimaliger Einreise 30 Euro (Österreicher 45 Euro, Schweizer 75 CHF). Expresszuschlag für Aus-

stellung am selben Tag 30 Euro (Österreicher 33 Euro, Schweizer 50 CHF), Zuschlag für Ausstellung innerhalb von zwei Tagen 20 Euro (Österreicher 23 Euro, Schweizer 35 CHF).

Essen und Trinken

Shanghai ist auch kulinarisch eine Weltstadt geworden – keine Küche, die hier nicht vertreten wäre. Ungeheuer ist das Angebot an Lokalen, die sich überall dort finden, wo gerade kein Geschäft ist. Am stilvollsten speist man natürlich in den zahlreichen Restaurants, die sich in den

schicken Villen der alten französischen Konzession niedergelassen haben. Einige der edelsten haben sich in Xintiandi, einem der angesagtesten Viertel, angesiedelt. Eine große Auswahl preiswerter Lokale findet man im Unter- oder Obergeschoss vieler Einkaufszentren. Eine gute Gegend, um auf Restaurantsuche zu gehen, sind die sogenannten Essensstraßen Huanghe Lu und Yunnan Lu.

Feiertage und Feste
Offizielle Feiertage
1. Januar: Neujahrstag
Chinesisches Neujahrsfest
(7.2.08, 26.1.09, 14.2.10):
Die ersten drei Tage sind offizielle Feiertage.
Viele Betriebe und Behörden schließen bis zu 14 Tage.
8. März: Internationaler Frauentag
12. März: Baumpflanztag
4./5. April: Quing-Ming-Fest

1 Bei Unwettern gehen regelmäßig sintflutartige Regenfälle nieder und setzen die Straßen unter Wasser. **2** Eine Kundin begutachtet Stoffe in einem Geschäft in der Altstadt. **3** Der Junge darf Dekorationen für das Frühlingsfest aussuchen.

1. Mai: Internationaler Tag der Arbeit (offizieller Feiertag und drei freie Tage)
4. Mai: Jugendtag zum Gedenken an die 4.-Mai-Bewegung 1919
Juni: Drachenbootfest
1. Juni: Tag des Kindes, in den Kinderpalästen finden Veranstaltungen für Kinder statt
1. Juli: Gründungstag der KP China
1. August: Gründungstag der Volksbefreiungsarmee
September/Oktober: Chinesisches Mondfest
1. Oktober: Nationalfeiertag, der 1. bis 3. Oktober sind Feiertage.

Geld

Die chinesische Währung heißt Renminbi (RMB, »Volkswährung«) und unterteilt sich in 1 Yuan = 10 Jiao, 1 Jiao = 10 Fen. Ausgegeben werden folgende Renminbi-Scheine und -Münzen: 1-, 2-, 5-, 10-, 50- und 100-Yuan-Scheine; 1-, 2- und 5-Jiao-Scheine; 1-, 2- und 5-Fen-Scheine (nur noch selten); 1-Yuan-Münzen; 1-, 2- und 5-Jiao-Münzen; 1-, 2- und 5-Fen-Münzen (nur noch selten).

Bargeld, Reiseschecks und Kreditkarten werden in den meisten Filialen der Bank of China akzeptiert. Die meisten besseren Hotels verfügen ebenfalls über einen Wechselschalter. Die größeren Hotels, guten Restaurants und die besseren Kaufhäuser und Geschäfte akzeptieren meist ausländische Kreditkarten. Mit der Kredit- oder einer Euroscheckkarte mit Maestro oder Cirrus-Logo und Geheimzahl kommt man auch an den meisten Geldautomaten (ATMs) unkompliziert an Bargeld.

Impfungen

Für die Reise nach China sind keine Impfungen vorgeschrieben, außer wenn sich der Reisende innerhalb der letzten sechs Tage in Gelbfieber-Infektionsgebieten aufgehalten hat. Bei der Einreise muss man auf einem Formular versichern, dass man an keiner ansteckenden Krankheit leidet. Für die Reise reichen als Vorbeugung die bei uns gängigen Impfungen wie Tetanus, Polio u. a.

Notfall

Grundsätzlich sollte der Anruf von Chinesen getätigt werden. Am anderen Ende der Leitung spricht so gut wie nie jemand Englisch.
Feuer: Tel. 119
Polizei: Tel. 110
Ambulanz: Tel. 120

Öffentliche Verkehrsmittel

Shanghai hat ein extensives, wegen der Dauerstaus aber furchtbar langsames Busnetz. Allerdings hat sich die Stadt in den letzten Jahren ein U-Bahn-Netz mit aktuell sechs Linien (zwei weitere sind im Bau) zugelegt, und in der Kombination mit den preiswerten Taxis kann man sich schnell und unkompliziert durch die

Stadt bewegen. Die Fahrpreise liegen je nach Anzahl der Stationen zwischen 3 und 7 Yuan. Taxis kosten 11 Yuan für die ersten drei Kilometer und dann 2,10 Yuan für jeden weiteren gefahrenen Kilometer. Ausflugsbusse zu Zielen im Umland starten östlich des Shanghaier Stadions, 666 Tianyaoqiao Lu, Parkplatz Nr. 4 am Sitzbereich Nr. 5, Stadion-Tor 12 (Auskunft: Tel. 021/64 26 55 55), Fahrpreis je nach Strecke 2–12 Yuan. Touren inkl. Eintritte ab 120 Yuan.

Telefon

Alle Telefonnummern haben acht Ziffern. Die Vorwahl für China ist 0086, für Shanghai 021. Die Vorwahl für Gespräche nach Deutschland ist 0049, Österreich 0043, Schweiz 0041. Von den meisten Hotelzimmern kann man durchwählen. Billiger wird es von den Telefonzellen mit einer Telefonkarte, die man in Postämtern, Kiosken und 24-Stunden-Supermärkten wie 7-Eleven erhält.

Unterkunft

Alle internationalen Hotelketten sind in der Stadt mit einem oder mehreren Häusern vertreten. Zusätzlich gibt es eine große Zahl an Hotels der mittleren bis gehobenen Preisklasse. Wegen der großen Konkurrenz sind die Preise erstaunlich günstig, und so kann man schon ab 60 Euro ziemlich nobel wohnen. Zahlreiche Jugendherbergen und Businesshotels bieten DZ schon um 20 Euro. Buchen sollte man auf jeden Fall im Voraus, denn ohne Reservierung zahlt man die Rack-Rates und die sind um bis zu 50 Prozent oder mehr teurer. Gute und verlässliche Adressen sind www.sinohotel.com, www.elong.com und www.hostelasia.com

Wetter

Wirklich schön ist das Wetter eher selten. Im Winter wird es kalt, nass und ungemütlich, und im Sommer ist es einfach nur heiß und schwül, immer wieder kommt es zu starken Gewittern. Die besten Reisemonate sind Mai, Juni, September, Oktober und November. Dann ist das Wetter über längere Perioden beständig.

Zoll

Verboten ist die Einfuhr von Sendeanlagen, Waffen, Munition, verseuchten Nahrungsmitteln, Rauschmitteln, Tieren, pornografischer und konterrevolutionärer Literatur (was immer das bedeuten mag, mit gewöhnlicher Reiseliteratur gibt es jedenfalls meist keine Probleme). Genussmittel dürfen im üblichen Umfang mitgenommen werden: 400 Zigaretten und zwei Flaschen Wein sind zollfrei. Noten und Münzen der Landeswährung Renminbi (RMB) dürfen bei der Ein- und Ausreise in Höhe von maximal 6000 RMB mitgenommen werden. Ein Rücktausch erfolgt am Flughafen, jedoch nur bei Vorlage der letzten Umtauschquittung. Fremdwährungen dürfen ohne Deklaration bis zu einer Höhe von 5000 US-Dollar oder dem entsprechenden Wert einer anderen Währung ein- bzw. ausgeführt werden. Die Ausfuhr von Antiquitäten ist ohne das rote Lacksiegel eines offiziellen Antiquitätengeschäfts verboten.

1 In Shanghais Teehäusern gibt es eine große Zahl verschiedener kostbarer Teesorten zu kosten, darunter Blumentee. 2 Die Köche in den zahllosen Restaurants haben immer alle Hände voll zu tun. 3 Shanghaier Snacks und Gerichte werden stets höchst appetitlich angerichtet.

Register

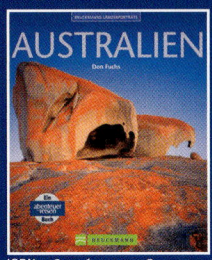
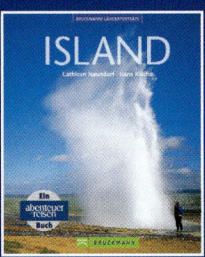
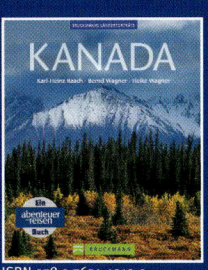
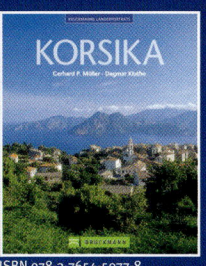

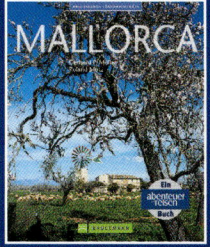
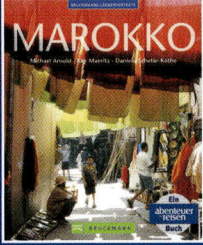

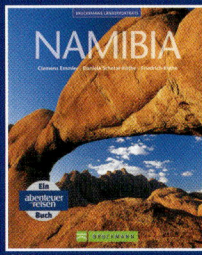

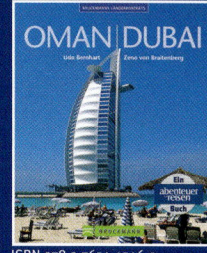

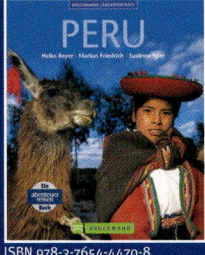
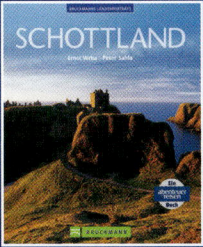

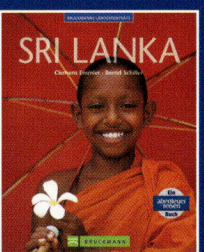

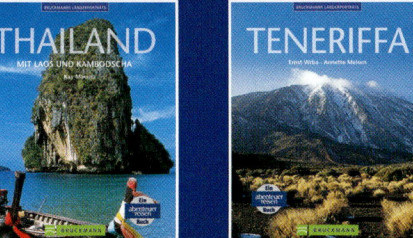
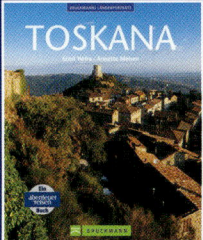
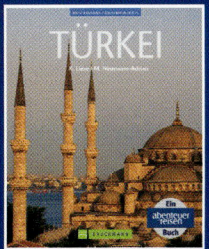

Unser Gesamtverzeichnis finden Sie unter:
www.bruckmann.de

Produktmanagement: Susanne Caesar
Textlektorat: Dr. Margit Brand
Layout: graphitecture book, Rosenheim
Repro: Repro Ludwig, Zell am See
Umschlaggestaltung: H3A unter Verwendung eines Fotos von dpa Picture-Alliance GmbH, Frankfurt
Kartografie: Astrid Fischer-Leitl, München
Herstellung: Bettina Schippel
Printed in Slovenia by MKT Print, Ljubljana

Alle Angaben dieses Werkes wurden vom Autor sorgfältig recherchiert und auf den aktuellen Stand gebracht sowie vom Verlag geprüft. Für die Richtigkeit der Angaben kann jedoch keine Haftung übernommen werden.
Für Hinweise und Anregungen sind wir jederzeit dankbar. Bitte richten Sie diese an:
Bruckmann Verlag
Postfach 800240
D–81602 München
E-Mail: lektorat@bruckmann.de

pa Picture-Alliance

Unser komplettes Programm:
www.bruckmann.de

Bildnachweis:
Umschlagvorderseite: Der Bund bei Nacht
Umschlagrückseite: Traditionelle Teezeremonie
Seite 1: Goldene Statuen im Longhua Tempel
Seite 2-3: Blick auf Pudong

Alle Abbildungen des Umschlags und des Innenteils stammen von: dpa Picture-Alliance GmbH, Frankfurt

Die Deutsche National-Bibliothek – CIP-Einheitsaufnahme
Ein Titelsatz für diese Publikation ist bei der Deutschen National-Bibliothek erhältlich.